图解服务的细节
076

Managing Private Labels:
Sharing knowledge from research and practice

经营自有品牌
——来自欧美市场的实践与调查

[荷] 科恩·德·琼　　[德] 赫尔曼·席维斯　　[荷] 罗·林彭斯　／著
Koen A.M. de Jong　　Hermann Sievers　　Loe Limpens

金好来商学院　／译

人民东方出版传媒
People's Oriental Publishing & Media
东方出版社
The Oriental Press

鸣　谢

著此书过程中，有多人参与，才最终出版，成为诸位手中之物。除了要感谢在国际自有品牌咨询公司（IPLC）继续鼓舞我的同事，还有几位我希望特别提到的支持我的人。

首先，感谢毕业于鹿特丹伊拉斯姆斯大学（Erasmus University）管理学院市场营销专业的卡米拉·赛洛特（Camilla Zallot）和维拉·布鲁维尔（Vera Brouwer），他们为研究过程做出了无价的贡献。他们收集了大量的学术出版物，并帮助我吸收消化。他们让我能够在开始写作之前进行预备阅读。Planet Retail 的马特艾斯·切克（Mtthias Queck）和邱玉军（Yujun Qiu）与我分享了宝贵的意见、数据。另外，在我们能够咨询的人中，有许多人证实并复查了我们的意见和观点。

我尤其要感谢鹿特丹伊拉斯姆斯大学管理学院的副教授马兹耶·斯马诺斯基（Maciej Szymanowski）。作为一名在自有品牌品类有广泛经验且受过训练的学术人员，他在读过初稿之后，给我提供了宝贵的详细建议。尤其是他提出的优化初稿结构的建议，让我十分受用。

能再次同 HLLS 的海伦·洛斯特德（Helen Lusted）共事是

一种荣幸。正如她之前为我们的两本书所做的那样，她同样对本书初稿进行了专业的校订，使之更易于阅读。Reflections 的大卫·范·杜金哈文（David van Duijnhoven）帮我拍了大量高质量的照片。我尤其要感谢 Yellow Dress Retail 的里奥·琳彭斯（Loe Limpens），芭芭拉·范·得·霍恩（Barbara van der Hoorn），米歇尔·维格曼（Michelle Wiegman），他们帮我设计封面及内容排版。在 Inline Design 的艾博·米尼恩克（Ab Meenink）和杰罗恩·马腾斯（Jeroen Martens）的帮助下，这本书实现了完美的装订。

目录
CONTENTS

 第一章

历史回顾

第二章
零售商竞争

第三章

零售商与制造商之间的关系

第四章

自有品牌管理

第五章
保卫国家品牌

第六章

消费者视角

第九章
自有品牌包装设计

第十章
折扣零售商

第十一章
新兴市场

第十二章
新科技

自有品牌架构

作者简介

科恩·德·琼（Koen A. M. de Jong）（鹿特丹大学经济学理科硕士）在自有品牌制造业工作 18 年之后，于 2003 年创建国际自有品牌咨询公司 IPLC（International Private Label Consult）。他在欧洲零售市场以及自有品牌制造业方面有丰富的经验。IPLC 旨在为欧洲和其他地方的零售商、制造商提供策略和经营服务。客户通过目标明确的项目、董事会咨询以及担任监督董事会成员分享知识。IPLC 多次参与欧洲自有品牌制造业的收购项目，为达成收购目标兢兢业业，恪尽职守。科恩还是世界各地研讨会、讨论会的知名发言人。

赫尔曼·席维斯（Hermann Sievers）（柏林工业大学工商管理理科硕士）在国际快速消费品（FMCG）制造和食品零售业担任市场营销、销售职位，拥有 20 多年的经验。十多

年来，他一直负责德国最大的食品零售商 EDEKA 的市场营销和自有品牌策略，对零售的概念和产品发展有深刻的了解。作为 IPLC 的伙伴，赫尔曼管理着德国办事处。他经常在行业重大活动中担任发言人，自 2010 年以来，他一直主持每年的德国自有品牌峰会。

罗·林彭斯（Loe Limpens）在马斯特里赫特的应用艺术学院学习时尚设计，他在自有品牌包装和零售设计的创新方面有丰富的经验。二十年来，罗一直为自有品牌制造商、设计公司以及荷兰市场领先零售商 Albert Heijn 工作。作为视觉形象营销经理，他负责 2001—2008 年的视觉重新定位，并取得成功，在其中，自有品牌包装设计扮演着至关重要的角色，目前罗是 Yellow Dress Retail 的合作伙伴，Yellow Dress Retail 是专业从事自有品牌包装设计和零售沟通的公司。

序　言

　　2007 年，我出版了第一本书，《欧洲自有品牌趋势以及零售商和制造商的挑战》（*Private Labels in Europe trends and challenges for retailers and manufacturers*），2011 年又出版了《自有品牌将零售商品牌带向下一个水平》（*Private Label Uncovered taking retailer brands to the next level*）。两本书在很大程度上都是基于我们的技巧和实际的经验，因为此前，有关这方面的出版物很少。当时可以获得的出版物仅仅是通过外部观察来描述和解释这种现象。真正在自有品牌行业工作过的人在这方面没有任何出版物，这也是我出版这些书的主要动力。

　　与此同时，自有品牌市场份额继续增加。由于零售商，包括硬折扣店的一些活动，经济下滑的影响，自有品牌在许多国家都不断快速增长。国家品牌的势头有所逆转，许多国家品牌不得不进行反击，甚至退出市场。自有品牌给制造商、供应行业和零售商所竞争的领域带来了巨大的影响。所以我期望能够出版更多这方面的书，同更多的读者分享实际经验。但这并不是现实情况。

　　市场的变化以及自有品牌卓越的表现，并没有逃过学术界的目光。在过去十年中，开展的越来越多的调查，为自有品牌这一理论提供了科学证据。

　　在写这本书之前，我研究了学术著作方面的一百二十篇论文。其中的许多意见具有宝贵的价值，并被用于这本书中。然而，如同此前的书一样，这本书的主要内容都来源于我们的经验、由国际自有品牌咨询公司开展的调查以及此前的出版物。

　　在同世界各地的客户进行合作的过程中，我们仔细研究了哪些方法可行，哪些并不可行。那些使得自有品牌制造商或者零售商脱颖而出的技巧和方法，都遵循一个清晰的模式。在过去几年中，我们参与的许多项目中，我们有时同客户分享知识和经验，因而受到一些十分具有创造力、十分成功的竞争者的启发，使得我们能够在一个竞争极其激烈的市场中，不管是对制造商还是对零售商自有品牌业务的经营复杂度有了更深层次的了解。

　　自有品牌市场竞争极其激烈，也十分复杂，但是也在快速增长。在亚洲，俄罗斯，印度和南非的这些新兴市场也在快速地学习来自欧洲和美国成熟市场的经验。折扣零售商以及新科技的影响给所有有关方都带来了挑战。本书讨论了以上所有话题，也包括许多其他相关的趋势和变化，这本书还会提供我们认为值得分享给更多读者的许多有价值的意见。

市场中的变化无法逆转，也将会给最终的消费者带来好处，因为消费者能够以比国家品牌产品标价更低的价格买到高质量的产品。

就如同我们此前的出版物一样，本书提供了一针见血的建议，写作风格十分简洁，专注于以一种简单方便的方式，提供有价值的内容。我们希望本书能够让您对自有品牌、零售商与制造商之间的互动以及自有品牌成功中的变化因素有更深入的了解。《经营自有品牌》能够帮助您调整您的策略和过程，更好地管理自有品牌。

第一章
历史回顾

总结

过去，零售商总要依赖于商标制造商，如今，他们已经扭转了这种局面。最初，零售商在包装以及产品质量方面知识不足，缺乏经验。然而，随着零售商意识到这种战略价值，他们开始巨额投资，将店铺打造成知名品牌，将自有品牌置于战略中心地位。零售业的发展加速了竞争，自有品牌也成为至关重要的角色，能提高消费者的忠诚度，增加收益。

·早期的自有品牌

多年以前，只有超市可以出售品牌产品，竞争仅存在于不同品牌之间。消费者需求与销售额取决于产品质量、购买难易度、价格、品牌相关的市场营销。超市提供诸多品牌，品牌拥有者们也努力创造一己之地，生产符合消费者需求的产品。从大的范围来说，制造商控制商店层面的表现。制造商可以确定商品出售价格，若零售商不采用，制造商有可能停止供货。当时，零售商们丝毫不知道一种产品的实际生产成本。制造商将产品提供给零售商，并通过市场营销创造消费者需求。零售商尽可能高效地维持供需，通过库存与销售获利，几乎没有自己的数据，信息还要依赖于供应商的分享。

由于是国家知名品牌制造商来决定产品的出售价格（纵向价格控制 vertical price fixing），零售商失去了一个重要的竞争手段。但是，由于超市数量的增加，零售商在某种程度上提高了他们的地位。随着规模经济的发展，零售商发现大型制造商并不放弃他们死板的价格政策，也不愿进行合作。零售商则通过引进普通品牌（generic brands），给消费者提供了其他选择，代替较为昂贵的制造商品牌。这些品牌的价格平均比制造商品牌价格低 40%！

早些时候，零售商在包装与产品质量方面的知识有限，缺乏经验。此外，零售商不能决定对实体产品的正确要求，也不能以正确的方式评估产品质量。因此，这些产品的质量并不尽如人意。在消费者看来，普通品牌质量低下，大多数情况下这些产品的确质量不佳，廉价包装更是加深了他们的这种看法。20 世纪 80 年代，贸易得到发展，在一定程度上加剧了零售商之间的竞争。各个零售商有意在竞争中脱颖而出，也使得超市逐渐发展了他们的营销意识。除了为消费者提供服务与购物乐趣，超市间的价格竞争也更加激烈。增加客流量，扩大消费者支出，本身就对零售商有益。同客户发展持续关系也成为一项策略目标。另外，发展商店品牌个性，提高消费者对商店的忠诚度，也使得营业额更加稳定。

·扩大商品种类

结果，零售商进行选择，形成活跃的产品种类政策，在这场战争中，自有品牌成了独特的武器。最终，制造商品牌在任何一家商店均备有产品。只有在不将自己和其他竞争者区分开的情况下，零售商才可以在价格上进行竞争。20 世纪 80 年代，尤其是 90 年代，几乎所有的欧洲超市企业都试图发展自有品牌，以在零售业竞争中提供独特的产品，不同于那些品牌制造商。他们的核心关注点在于将自有品牌发展成可信赖的品牌，获得客户忠诚度。大多数零售商采用的策略是在品牌较弱的商品种类中，或者创新成分极少、不具备创新元素的种类中，提供高

经济型自有品牌（良好）
Bien Vu 0.14 欧元/100g
每 100g 含 35g 杏酱

标准型自有品牌（更好）
U 0.29 欧元/100g
每 100g 含 50g 杏酱

优型自有品牌（最好）
U Saveurs 0.71 欧元/100g
每 100g 含 56g 鲁西永杏酱

（在法国零售体系中的三层自有品牌结构，U 现在是大多数欧洲零售商的标准）

质量产品。在下一阶段，将自有品牌范围扩大到其他种类，从而模仿品牌，丰富产品种类。最终，在扩展到尽可能多的商品种类之后，零售商在种类内部扩展其品牌。通过三层策略（以价值划分），提供"良好—更好—最好"的产品，购物者也可选择多种不同主题的自有品牌。

· 零售商集中

食品零售业在西方曾是一个十分碎片化的行业，在过去几十年中却发生了翻天覆地的变化。随着内生增长与并购，零售商更加统一、集中。代替传统杂货店与专门零售商的，是为数不多的拥有新样式的大公司，控制着各自市场的重大份额。这种合并过程也同样发生在各个国家，使得零售业迅速集中。

由于零售集中，市场人口与市场自有品牌渗入间明显关联，零售商品牌变得愈加重要。零售业高度集中加速竞争，市场规模（人口）使得零售商能够建立大范围的自有品牌网络，零售集中与市场人口都对自有品牌市场份额产生积极影响。根据PLMA，如今欧洲的 15 个国家都拥有 30% 或以上的自有品牌市场份额，每一个的零售都高度集中。欧洲之外的国家中仅有加拿大可以跻身其中。

人口与零售集中对自有品牌市场份额的影响

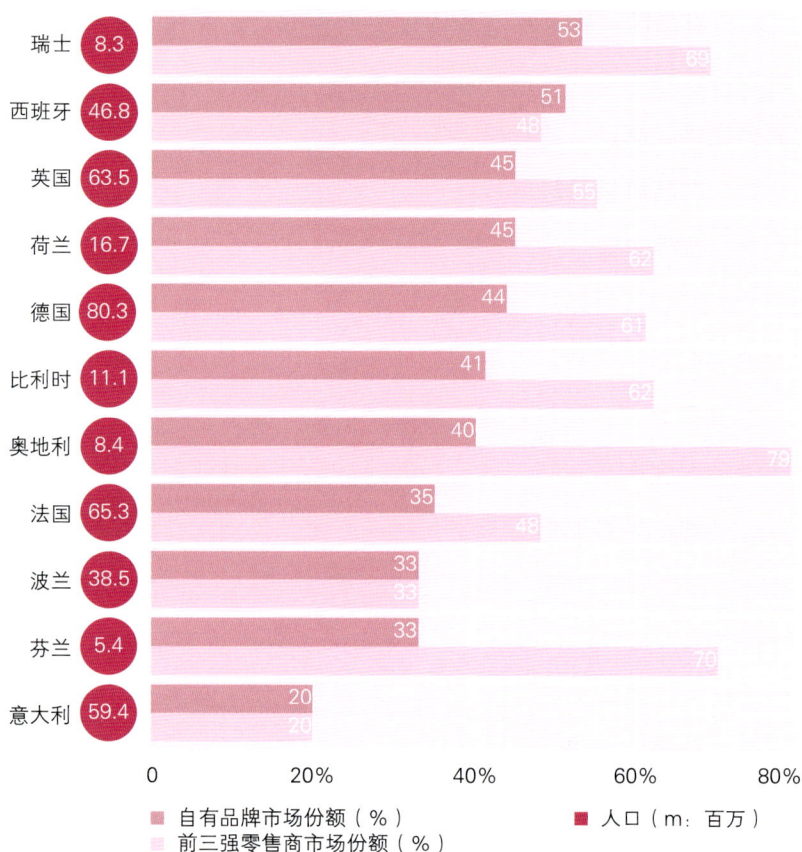

国家	人口	自有品牌市场份额	前三强零售商市场份额
瑞士	8.3	53	69
西班牙	46.8	51	48
英国	63.5	45	55
荷兰	16.7	45	62
德国	80.3	44	61
比利时	11.1	41	62
奥地利	8.4	40	79
法国	65.3	35	48
波兰	38.5	33	33
芬兰	5.4	33	70
意大利	59.4	20	20

- 自有品牌市场份额（%）
- 前三强零售商市场份额（%）
- 人口（m：百万）

（来源：PLMA Yearbook，Planet Retail and European Union）

零售集中与市场人口对一个国家自有品牌市场份额有着积极影响

· 从竞争中脱颖而出

自有品牌产生之前，零售商店内均为制造商品牌。除了创造独特的商店布局，为购物者提供服务外，竞争方式几乎只剩下了价格。通过引进自有品牌产品，零售商能够在竞争中脱颖而出。产品质量、包装样式与设计使得零售商可以提供消费者眼中的独特产品。

品牌制造商提供的产品通常针对大众市场，零售商则可以提供店内专属产品，将目标对准那些经常光顾他们店铺的消费者，消费者会发现这些产品并不是到处都有。事实上，零售商在某种程度上垄断其当地商店品牌，因为其他竞争者并没有同样的品牌，尽管他们确实拥有同样的国家品牌。这样零售商也可以采取单独定价策略，因为消费者不能直接对比不同公司商店品牌的价格。

如今，自有品牌，而非制造商品牌，已经成为一个策略武器，零售商可凭此让自己脱颖而出，争取销售量和市场份额。在多数情况下，零售商将商店横幅打造成一个强大品牌，吸引新的消费者入店，店内陈列有此种品牌专属的自有品牌系列产品。通过这种方式，商店可以打造出自己的店铺形象，进而打造客户忠诚度。

· 力量平衡中的变化

由于在国内与国际的扩张、巩固，大型零售商获得了极大的购买力。此外，欧洲购买集团也纷纷出现，如 AMS，Agenor，Core（酷睿）和 EMD。这些联盟的各成员均保持独立零售商地位，由联盟代表他们进行集体购买，旨在通过团购，从供应商处获得利益与折扣。

这些变化对供应商与零售商的关系正产生重要的影响。购买活动从国家层面逐渐转换为国际层面。跨国零售商与跨境联盟旨在交换信息，对比价格，协商不同成员国间可应用的共有合同。这样的结果对于最大的零售商尤其有益。他们在国内零售市场占据主导地位，也是国际联盟的成员，所以可以利用谈判力，同供应商协商，优化效益项目。因此，相比于较弱的竞争者，他们的竞争优势得以加强，从而进一步巩固他们的地位。这样的过程是一个恶性循环：最大的零售商们利用他们的规模和市场份额从供应商处协商让步条件，从而使得零售商有选择地降低价格，让消费者获益。大型零售商的操作规模和对购买过程的控制，允许他们有效地向生产者说明条款和条件。他们有时会采用残忍的策略，如抵制或从名单上消除，来提高条件，获得有利的合同。

· 获取购物者信息

　　与品牌制造商相比，零售商更接近购物者，更能够观察到他们的生活，能够在关键的时刻——购物者在店内时得到有关购物者行为的实时具体信息。此外，零售商通过架子的空间配置与视觉促销，控制产品出售。这进一步给零售商提供了机会，来决定与自有品牌有关的营销沟通的本质、程度，这些信息供应商却无法立即获得。因此，在理解消费者需求与如何应对方面，零售商已经发展成为品牌制造商强有力的竞争者。这些零售商提出的问题如下：购物者为何选择我们店？他们期待的是什么？我们如何满足并说服他们选择我们店？提供自有品牌产品在某种程度上可以解决这些问题，支持零售商打造购物者忠诚度。

· 不公平的优势

　　首批自有品牌引入之后，发生了许多变化。零售商通过与自有品牌制造商的密切合作，学到了许多，因此在实际产品、产品质量及保障方面也获得了知识。许多零售商期待他们的自有品牌制造商可以同他们分享全面详细的说明，以及产品价值明细和他们提供的包装，以便他们能更清楚地了解产品成本价格、原材料与包装支付价格等具体信息以及制作成本。

欧盟食品供应链的竞争同自有品牌的角色一直是，也仍是利益所在和争论所在。品牌产品与自有品牌间的水平竞争、垂直竞争之类的问题，以及零售商们所用的市场力，都在讨论中占有一席之地。零售商对于品牌制造商来说就如同分销商，除了这种垂直关系外，零售商也通过自有品牌与制造商展开水平竞争。零售商是看门人，控制着产品到达消费者过程中最重要的分销渠道。零售商与品牌制造商之间关系的最终市场力，被用于提高自己品牌的地位和营利水平。

有些人担忧，零售商也许已经加入了农产品加工业的直接竞争，并从中获得不公平的优势。自有品牌市场份额不断增长，已经改变了欧洲零售业的竞争面貌。大型零售商们不再受限于传统的品牌产品购买者与分销者。事实上，零售商在店中提供自有品牌产品，它们拥有销量，占有架子空间，同上层品牌提供商进行竞争，这也意味着垂直竞争的出现。自有品牌的发展、广泛的接受度，以及消费者对自有品牌不断增加的信任，提高了零售商的谈判地位与市场力量。超市规模扩大、购买力提高，可以为消费者降低自有品牌产品价格。经济下行，消费者对价格愈加敏感，这进一步加速了自有品牌的增长、提高了受欢迎度。

零售商的自有品牌策略可设定多种多样的战略目标。下一章我们将讨论自有品牌在店间（零售商之间）的竞争和店内（商店内部）的竞争。这将解释为何对于欧洲以及其他地区的每一个零售商来说，自有品牌都被置于战略中心地位。

第二章
零售商竞争

总结

　　这一章将会讨论自有品牌在零售商间（店间竞争）以及店内（店内竞争）的竞争角色。一方面，消费者购买自有品牌的意图受到商店形象及价格形象感知的影响。另一方面，消费者的购买意图及最终选择也受到消费者对自有品牌的价值意识及品质感知的影响。具有良好金钱价值的自有品牌将有助于零售商改善竞争形象。如果采取层级策略，零售商还可以与各品牌及包括折扣商店在内的其他超市竞争。除了提高消费者的忠诚度外，改善边际效益和实现独立定价是零售商在进行自有品牌投资时的关键目标。稳定的零售市场已极大地影响了权利的平衡。尽管在过去的几十年里，供应商市场也有所巩固，但其在销售能力提升方面与零售商并不成正比。本章的最后一部分认为分类管理不应该过度强调自有品牌的主导地位，因为国家品牌在推动分类获益（category profitability）方面确实发挥并将持续发挥重要的作用。

·建立商店忠诚度

商店形象

零售商正在极力将他们的商店打造成品牌店。他们所面临的挑战是如何通过将他们的商店品牌与自有品牌结合起来增加品牌资产，从而建立消费者的忠诚度。一家商店的形象不只取决于其销售方面的表现，还受到消费者与商店关系的影响。这些与商店的构想、使命及企业价值（如与消费者的距离、创新活动及购物体验）都密切相关。如果消费者与商店的关系良好，那将有助于增加零售品牌的价值。良好的商店形象还有助于增

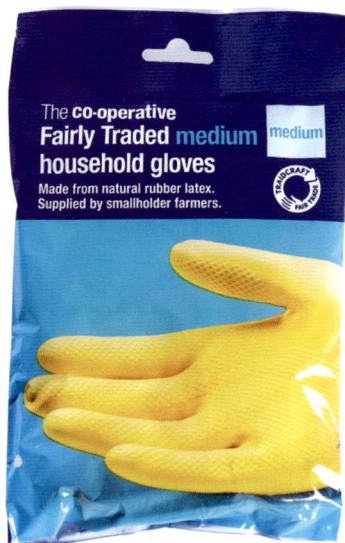

通过提供公平交易（Fairly Traded）家用手套，英国零售商解决了社会责任问题。生产这些手套所用的胶乳是由斯里兰卡的欠发达的莫讷格勒格地区的约450位农民提供的

加自有品牌的品质认知度。在这方面，它鼓励零售商提供优质产品。这一点非常重要，因为提供优质的自有品牌商品在建立消费者忠诚度方面起着至关重要的作用。

商店标语品牌

在大多数情况下，零售商用商店标语给它们的自有品牌分类。零售商使用商店标语来支持其自有品牌的价值是多方面的。除了在消费者做决定时占上风外，只要在家中使用该商品，便会强化品牌意识。商品包装在厨房的橱柜里或者桌子上都可看到，这将持续促进该商品的销售。

通过小心翼翼并一如既往地建立自己的品牌，许多零售商的名字现已具备了强大的品牌效应。由于他们的名字在店内店外不断地出现，光顾这些商店的消费者会识别这一品牌。媒体上营销标语的颜色选择、版面设计以及遣词造句都是经过深思熟虑的，都是为了支持商店的品牌。包装上带有商店名称的自有品牌商品可以说使得这一品牌有形化了，并在消费者做决定时引导消费者购买，因为它们在店内是极易识别的。将各种此类商品摆放在货架上，它们将会影响消费者在关键时刻的决定。

2008 年，荷兰零售商 Jumbo 宣布 O'Lacy 系列商品将会从其货架上消失，取而代之的是带有自己商店名称 Jumbo 的自有品牌产品。在 2008 年之前，Jumbo 在荷兰一个毫无竞争的地方与另一位荷兰零售商（Vomar Voordeelmarkt）一起将其作为自有品牌共同使用。这些年来，Jumbo 在市场上取得了极大的成功，其策略主要基于两点：每日低价以及尽其所能地将消费者放在整个决策的核心位置。得益于商店的自身发展以及几次成功的并购，Jumbo 已将店铺从 1997 年的 7 家扩展到了 2008 年的 120家。既然急剧增加的市场份额足以支持自己的品牌，Jumbo 决定弃用 O'Lacy 这一奢侈品牌，使用 Jumbo 商店标语来支持自有品牌项目。2009 年年初，带有 Jumbo 名字的第一批商品出现在了货架上。清晰、统一的包装设计极其成功地将这一自有品牌与商店标语联系起来。Jumbo 正确地衡量了消费者对此品牌

Jumbo 店替换了奢侈品牌 O'Lacy 产品后，销量大增

的热情，并且从一开始，重新设计的每一款产品，自有品牌销量都一直飙升。多年以来，Jumbo 打造了一个无可争辩的名誉，提供优质服务，对客户友好，也获得了多项奖项。通过在包装盒上使用商店名称，他们成功地用自己的良好信誉获取利润。

与 O'Lacy 不同，Jumbo 名称下的自有品牌在品牌一直较强的品类内表现也较好，例如早餐麦片及口香糖。Jumbo 名下产品表现较好的其他品类包括领先品牌非常强大的品类，或者拥有高度品牌创新的品类，例如洗衣剂和消毒块。重新推出新产品后，基准自有品牌售量（即考虑到自有品牌与国家品牌的价格变化、促销）显示在 46 个库存量单位（SKU）中，44% 销量增加，利润升高，25% 在一个稳定品类内增加销量，19% 在一个下滑品类内销量不变。重新推出的产品中仅有 8% 销量下滑。

多年以来，英国的独立便利店，例如 Londis、Costcutter 及 Nisa，都关注销售品牌产品。虽然购物者已经习惯于在大型超市购买自有品牌产品，但他们期待在便利店也能看到那些产品。同时，多数便利店现在也提供他们的自有品牌产品，但是这些品牌通常不是商店的旗下品牌。

零售商品牌形象

反之亦然。使用商店旗下品牌的自有品牌也对零售商品牌形象有积极的影响。自有品牌的价格形象（即价格低，有吸引

Costcutter 拥有一系列没有商店名称的自有品牌

力的购买方案及物有所值）相比于其竞争者，与零售商的总体
价格形象也有积极的联系。物有所值的自有品牌能提高零售商
的竞争形象。购物者与自有品牌相关联的价值（即满足他们的
需求，提供价格合适的产品，尊重环境），也与零售商品牌形
象正相关（即距离近，保护购物者的购买力，使购物者生活更
便利）。

　　因此，当消费者注意到商店品牌致力于创造宜人环境，或

满足他们的需求，零售商形象会得以提升。这意味着负责自有品牌策略的零售经理，应该确保他们的自有品牌形象同零售商品牌战略保持一致。自有品牌能帮助零售商表达或加强他们的品牌识别（brand identity）。因此，应当关注自有品牌反映出的价值及价格形象。

购物者在选择自有品牌之前，会将他们的商店形象认知（包括服务、布局、货物）同自有品牌产品的质量联系在一起。调查显示，自有品牌价格形象严重影响购物者购买的意图以及之后对自有品牌的选择。

· 店间竞争

如果产品购买率较高，自有品牌与国家品牌间价格差额巨大，或者经常有国家品牌进行促销，那么不同的零售商自有品牌间的竞争就会更加激烈。因此，要分析国家品牌与自有品牌间全方位的竞争，竞争零售商也应该被考虑在内。

在购买率较低，相对于国家品牌价格差额巨大，以及国家品牌促销较少的品类内，自有品牌有高的潜能，能将自己的商店与竞争者区分开来。因此，那些想要利用自有品牌增加商店忠诚度的零售商应该投资于高质量、高价格的自有品牌，且购买率较低的品类，如洗衣液、洗发水。价格远低于国家品牌的自有品牌，尤其应投资于牛奶、面包、蔬菜等客户经常购买的品类。他们能够吸引价值导向、精心挑选货物的客户，因为他们在有自有品牌的地方均会购买自有品牌产品。消费者通常在需要几种货物的情况下购买那些货物，因为他们很有可能光顾几家商店。在这些品类内拥有自有品牌，增加商店客流量，这是零售商的另一个重要目标。

产品质量的重要性

强调自有品牌质量高这一点很重要。高收入以及质量敏感型客户通常更喜欢在有过购买经历的环境下购买同一品牌，这种现象被称作"品牌转换惯性"（inertia in brand switching）。一旦这些客户选择了某家商店品牌并认为其产品质量好，随之给他们带来满足感，他们就有可能坚持购买这种品牌，换商店的概率不大。因此，对质量敏感的客户群会坚持去销售他们经常购买的商店品牌的超市，也就是零售商忠诚度会提高。相反，对价格敏感的人群主要会被价格低廉影响。为了抓住这些价格敏感型客户，专注于高质量的商店品牌而非价格低廉的品牌更加重要。证实这一点的研究显示，缩小同国家品牌间的认知品质是提升品牌销量的最有效策略，其次有效的策略为增加价格差距。Sainsbury's成功地推出其"转换就节约"（switch and save）活动，即选择Sainsbury's同类产品而非领先品牌，会节约至少20%的成本。通过说服购物者尝试自有品牌，零售商利用了消费者对产品的习惯性，使其最终接受产品。例如，阿斯达（Asda）进行了首次尝试购买，并通过印刷"试一下，爱上我"和"一点不开心，立即换货退款"字样，说服消费者购买阿斯达类产品。

管理品质认知

如果消费者对自有品牌产品质量认知较高，质量差异较小，他们就会购买自有品牌。如果他们认为自有品牌形象较好，认为自有品牌值得信赖，他们也会购买自有品牌。这些结果显示自有品牌与国家品牌的未来，将取决于零售商与国家品牌销售者如何管理消费者认知。零售商营销策略以及大众最为熟知的广告在接下来的几年内将扮演至关重要的角色。相比于同类国家品牌间的差距，自有品牌认知质量对自有品牌市场份额的影响更大。

商店忠诚度

许多零售商倾向于将自有品牌放在更加商品化的品类内。然而，调查结果显示，他们应该重新考虑这一点。自有品牌市场份额与商店忠诚度间有关联，尤其是对价格敏感的购物者。这一点十分重要，因为那些关注价格的购物者通常被认为品牌忠诚度较低。在商品化程度较低的品类以及高产品类别涉入（high product category involvement）（一个消费者购买某一个产品的兴趣水平）的品类如软饮料、辛辣小吃或个人护理类产品等，自有品牌市场份额同商店忠诚度间的联系甚至更强。因此，在这些品类投资或打造自有品牌最佳。这个策略也许是一个挑战，因为在这些品类内，购物者乐意为国家品牌支付更高的价格，而不去购买自有品牌。

影响自有品牌的因素

同时，对于关注价格的购物者（价格敏感型顾客），商店形象认知也许同高昂的价格联系在一起，这会使他们对于自有品牌的态度产生消极的影响。因此，零售管理者必须通过提供在价格、质量、形象上吸引消费者的自有品牌，关注到这一明显的冲突，基于这一点，零售管理者更强调价格形象与商店形象是值得推荐的，原因在于这些因素不仅影响消费者的购买行为，这些因素之间也是正相关的。

荷兰市场已经调查了消费者的商店忠诚度。对两个超市进行的研究结果显示，在一家零售商的销售总额中，自有品牌份额同消费者对这家商店的忠诚度之间有极强的关联。有意思的是，反之也亦然：购物者对这家商店的忠诚度越高，自有品牌占总销量的份额越高。除此之外，对消费者满意度，还有另一个解释，这种满意度让他们不断光顾存有这种产品的商店。对某一家商店十分忠诚的购物者会对商店所提供的自有品牌更加熟悉。连贯的包装设计帮助他们做出决定，也会引导他们无意识地选择自有品牌产品。考虑到这些调查结果，零售商应该对自有品牌采取一些策略。然而，零售商不应该过于推销自有品牌而放弃国家品牌，同一个研究也表明，经常使用自有品牌的用户也会积极地寻找省钱方案，不会仅对一家零售商的自有品牌保持忠诚。

交叉效应

　　一家零售商对自有品牌的投资，也许会给竞争零售商的自有品牌带来好处。购物者使用一个自有品牌的经验，会影响到他们对竞争者商店售卖的其他零售商品牌的信任。如果一个零售商成功地让一个要购买国家品牌的消费者去购买其店中的自有品牌，此零售商也许会给竞争链中的其他品牌带来益处，一个十分满意的购物者在下次光顾竞争商店时，也有可能去购买自有品牌。这种现象使得自有品牌成为对抗国家品牌的有效工具，但是它降低了将其作为与其他零售商竞争的工具的可能性，正因为如此，引进自有品牌能够提高消费者接受度，拥有更高的市场份额，降低国家品牌的份额，因为消费者学习速度很快。在一家超市提供自有品牌样品，此类促销会对其他超市的国家品牌造成致命的影响，因为购物者对竞争商店内的自有品牌十分熟悉。鉴于此，自有品牌的名誉也会十分危险。一个零售链的自有品牌体验质量（experienced quality）低于预期也会造成消费者对在另一家零售商消费的产品产生不满。

在法国，一项长达五年的调查给出了令人信服的证据，当某一品类自有品牌份额上升，消费者更倾向于从国家品牌转向零售商品牌，这种品牌转换大多数出现于那些在自有品牌上花费较少的消费者（自有品牌少量购买者）中。当包含此零售商名字的自有品牌份额增加，少量购买者更容易从国家品牌转向零售商品牌。

过去人们认为购物者选择越多结果越好。然而，其中存在一个理想状态，因为商店内选择过多，会让消费产生心理疲惫（消费疲劳 shopper stress）。提供平衡的产品搭配，包括有一致包装设计的自有品牌，会更利于消费者进行选择，减少过多选择带来的压力。所以多年来，除了 Aldi 和 Lidl 这两家折扣店，几乎所有的欧洲零售商都已经开始使用他们的商店名称，支持自有品牌产品。他们认为，使用那些没有直接指出商店名字的奢侈品牌，会影响潜在自有品牌销量的增长。

· 同折扣商店竞争

三级自有品牌策略（良好—更好—最佳）不仅允许城镇大街上的零售商与制造商品牌进行竞争，也使得他们能够与强大的折扣商店竞争，例如 Lidl、Aldi 或者 Dia。西班牙的家乐福（Carrefour）曾展示三辆并列的购物车，车内装满了产品。第一辆车内只放了制造商品牌，第二辆车内只装家乐福品牌产品，第三辆车内产品来自家乐福的价值品牌（value brand）。用于展示的购物车旁还附有口号"若您注重价格，我们就能与 Aldi 竞争；若你能关注质量，我们能与制造商品牌竞争"。

降低失去购物者的风险

因为新开一家折扣商店而面临风险的主流零售商，应该进一步区分自己的跨品类分化（cross-category differentiation）。购物者更倾向于光顾一个商品分类同折扣商店大体互补的主流零售商，因此一个主流零售商应该通过加强其相对于折扣商店较强的品类，降低失去购物者的风险。商店吸引人，自有品牌分类也十分吸引人，这样能够拉回在多个商店内的购物者，也能减少一家折扣店带来的冲击。

廉价的自有品牌

在过去的 20 多年中，德国的折扣店 Aldi 和 Lidl 一直在欧洲各地获得市场份额。这种零售模式在价格、质量、产品组合的关联性（consistency），以及简约方面都取得了成功，也因此看起来前景无限，不可阻挡。在过去，大多数主流零售商开发廉价自有品牌，以降低由于折扣商店的存在而失去购物者的风险。经济下滑使得折扣店迅速增加，而主流零售商则遭受损失。为了对抗折扣商取得的成功，欧洲的主流零售商扩大了他们的廉价自有品牌产品，或者以新的包装设计重新推出这些产品。

　　零售商也许能够成功地在价格上同折扣商店同水平竞争，甚至降低他的价格水平，与此同时，要保证高质量尽管不是不可能的，但似乎也是一个挑战。人们发现，欧洲的主流零售商反应激烈，推出了主流零售商平均廉价自有品牌，价格比 Lidl 要低 2%—16%。然而，产品的质量却参差不齐，主流零售商们推出的廉价自有品牌相比于 Lidl 自有品牌，质量不同，大多数情况下，质量更差。除此之外，在多数情况下，主流零售商的廉价自有品牌包装质量一般，不如国家品牌以及 Lidl 的质量（有关本话题以及基本调查详见第十章）。

负效应

　　主流零售商也许会更加努力，避免失去购物者，但是提供一系列廉价自有品牌会带来负效应。首先，廉价自有品牌相比于标准的自有品牌，给零售商提供的利润更少。因此，廉价的自有品牌让购物者选择更廉价的产品，使得消费降级，影响本品类的获益能力。更能获利的标准自有品牌的销量下降，最终会侵蚀利润。其次，大多数主流零售商使用他们的商店旗帜品牌去推荐他们的廉价自有品牌。如果购物者认为产品质量更次，则会影响到购物者对此零售商品牌的整体信任。

家乐福在 2014 年就认识到了这种风险，当时此公司决定重新推出其廉价品牌"家乐福折扣"（Carrefour Discount），并且从包装上移除家乐福名称和标志。这使得这些产品同家乐福 1976 年推出的"白色品牌"相似。家乐福首席执行官乔治·普拉萨（George Plassat）表示："家乐福折扣产品给我们的形象蒙上了一层阴影。这些产品仍可以放在架柜上，但是我们不想给出一种家乐福是廉价品牌的印象了。"

家乐福在 2014 年重新推出廉价品牌"家乐福折扣"时，从包装上移除了家乐福名称和标志

乐购（Tesco）折扣品牌

2008 年，乐购推出折扣品牌（Discount Brands），即奢侈品牌之下的数百种自有品牌产品，目的是更有效地同英国的 Aldi 和 Lidl 竞争。此前，廉价的德国折扣店一直增长迅猛，乐购认为这些新产品线是应对这一威胁的有效反击。为支持折扣品牌，乐购打出了"英国最大的折扣商店"的广告。这些产品并没有直接指出是乐购的零售商品牌，但是实质上也是自有品牌产品。Lane 蛋黄酱、Country Barn 玉米片、Sun Grown 橙汁、Daisy 洗衣液等，共有 350 种产品加入了乐购现有的自有品牌。新的折扣品牌价格在 Tesco Value（良好）与 Tesco Standard（更好）自有品牌之间。IGD 的抽样调查显示，折扣商店产品价格比乐购标准自有品牌低 23%，是价值范围（value range）相对价格的两倍。

乐购推出了数百种奢侈品牌之下的自有品牌产品，但没能成功与英国的硬折扣店竞争

当时，持怀疑态度的分析人士预计，乐购自有品牌等级过于复杂难懂，会让消费者感到迷惑。乐购的真正挑战，将会是把折扣店店内导航的简洁也应用到大型商店内。尽管折扣品牌系列在 2009 年初步取得成功，却未能阻止 Aldi 或 Lidl 在英国市场份额的增长。与此同时，折扣品牌产品也从货架上消失了。

· 店间竞争

店间竞争指的是国家品牌与自有品牌在商店内相互竞争。它可以包括国家品牌间的竞争，但是同一品类内，若有各式各样的自有品牌，此挑战就会变得更加复杂。零售商已经实施了自有品牌架构，在此品类内解决价格与主题部分（theme-based segments）。这削减了国家品牌，因为随着时间的推移，自有品牌产品数量不断增加，较弱的品牌失去了其相关性。零售商主动调整他们的品类，代替了自有品牌下的牌子，以增加收益、支持零售商的整体策略。

获益更高

自有品牌产品收益增加，可归结为不同的因素。零售商以批发价购买大多数自有品牌产品，此价格远远低于国家品牌的批发价。除此之外，零售商在商店内推销他们自有品牌产品的时间要远少于国家品牌制造商。一个品牌制造商会支持个别产品，以打造品牌再认（brand recognition），而零售商会采取更加全面的方式，致力于打造商店品牌。大型零售商，例如意大利的 Conad、法国的 Casino 以及澳大利亚的 Spar，已经成为强大的品牌，被大众完全接受和信任。他们将自有品牌打造成了细心经营、受人尊敬的品牌。通常，一个自有品牌在价格上进行促销，几乎不会去做营销方面的努力，这极大地减少了营销整体花费，使得零售商给自有品牌补充了更多更好的货架空间，也因此在牺牲国家品牌的代价下，拉动了自有品牌销量。那些自有品牌中市场份额最高的零售商很可能本身就成了强大的品牌。

大多数零售商认识到了自有品牌的获益潜能，并采取使自己品牌获益的策略。有时，一些野心勃勃的策略并没有被藏着掖着，一些零售商在店内展出两辆购物车，一辆装有品牌产品，一辆装有自有品牌对应产品，显现出产品价格的明显差异。

过去，乐购推出了使自己的零售商品牌获益的活动。乐购的网店 Tesco.com，在购物者选择制造商品牌时，给出了更为便宜的替换物以供选择，这些替换物通常为乐购品牌。这个活动也受到了电视广告的支持，广告中，更便宜的产品代替了品牌产品。品牌提供商对此大为恼火，暗示零售商在故意破坏品牌。

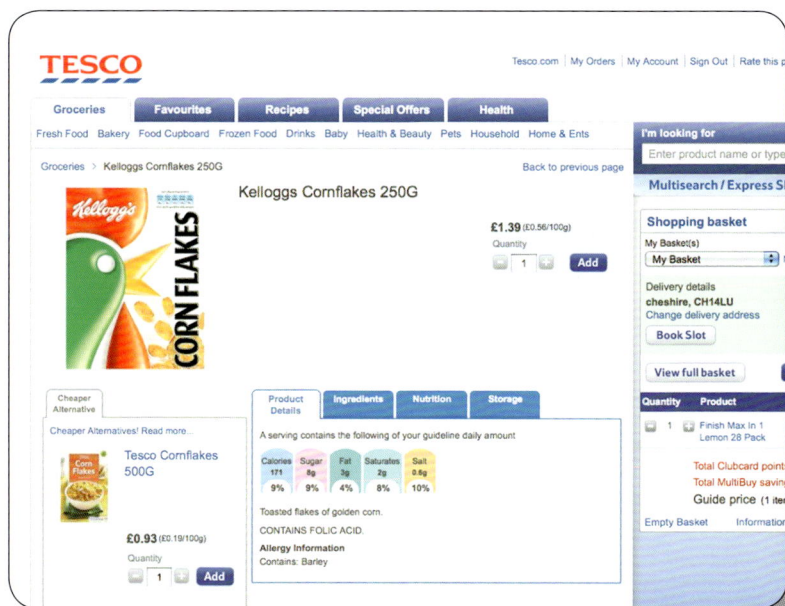

乐购网店于 2008 年，在购物者选择制造商品牌时，给出了乐购品牌的提示

独立定价

为了增加持股者的收益，零售商关注于增加一线销量与底层利润。各种各样零售商提供的自有品牌产品很难互相竞争，这为独立定价策略和利润增加留了余地。消费者市场调查公司 Canadean 2013 年的研究显示，有 59% 的英国消费者认为国家品牌更贵，仅仅是因为广告成本高昂，而与制造过程或材料无关。

在自有品牌已经成熟的市场上，购物者更不愿意为国家品牌付更高的价格。也就是说，在自有品牌已经多年占据主要份额的国家，消费者更不愿意支付国家品牌高于自有品牌的那部分钱。这对于零售商来说是无价的信息，因为他们可以通过自有品牌提高收益。

我们也应该注意到，提供自有品牌的零售商控制着其他品牌的定价，也因此控制着自有品牌同其他品牌间的价格差异，因而能够控制商品的感知价值，尤其是不需要在广告和营销上花费成本就可以提升自己品牌的感知价值。控制着商店的零售商可以确保自有品牌最终到达货架上，接触到最终的消费者。另外，超市自有品牌系列的声誉也会波及自有品牌，每款产品就不需要大幅度地在广告推销上花钱。

定价与利润

在自有品牌子品牌的定价方面，每个零售商都会有自己的策略。在一个三级策略中，涉及同类品牌的价格幅度通常取决于当地市场状况，根据品类也有所不同。2014 年早期，IPLC 分析了 6 个欧洲国家顶尖的主流零售商自有品牌，这些品牌占有大量的自有品牌市场份额。

对于同等自有品牌（更好型），价格幅度比国家品牌低 24%—43%，而对于价值自有品牌（良好型），价格甚至比国家品牌低 55%—75%。对于高级自有品牌，这种对比很难看出来，因为在许多情况下，国家品牌的同类品牌几乎不存在。然而，高级自有品牌（最佳型）价格通常比相似国家品牌至少高 10%。

销量下降

	份额	单品销量	价格	总销量	份额	单品销量	价格	总销量
自有品牌	25%	25	€ 0.90	€ 22.50	50%	50	€ 0.90	€ 45.00
制造商品牌	75%	75	€ 1.20	€ 90.00	50%	50	€ 1.20	€ 60.00
总计		100		€ 112.50		100		€105.00

自有品牌市场份额升高25%导致销量降低7.5欧元（6.7%）

总收益可能会升高

	份额	单品销量	价格	总销量	份额	单品销量	价格	总销量
自有品牌	25%	25	€ 0.32	€ 8.00	50%	50	€ 0.32	€ 16.00
制造商品牌	75%	75	€ 0.24	€ 18.00	50%	50	€ 0.24	€ 12.00
总计		100		€ 26.00		100		€ 28.00

自有品牌市场份额升高25%使收益增加2欧元（7.7%）

在具体的品类内，这种幅度会更大。例如，在个人护理品类中，自有品牌市场份额相对较低（在多数欧洲国家为15%—25%），自有品牌产品与品牌产品间的消费者价格差距十分明显。

国家品牌的同类自有品牌价格比制造商品牌价格低。然而，零售商品牌的零售利润在比例以及绝对欧元利率（absolute euro margin）方面会更高（不包括对国家品牌的推销）。这对零售商在牺牲国家品牌的前提下提升自有品牌来说，是一条重要的原理。第31页简单化的例子表明，如果在这种情况下，零售商使购物者从国家品牌转向自有品牌，会对总销量产生消极影响。然而，随着自有品牌收益增高，利润也会增加。

但在某些情况下，自有品牌的零售利润比例高于国家品牌的零售利润，单位绝对欧元利率却更低。这是因为零售店品牌通常零售价格更低，正因为如此，自有品牌重度使用者对于零售商总绝对利润的贡献要小于零售商品牌轻度使用者。因为自有品牌绝对利润低于国家品牌，那些主要购买国家品牌的消费者与定期购买自有品牌的消费者相比，对零售商的总利润贡献更大。因此，在这种情况下，自有品牌的推广不应该过于牺牲国家品牌的利益。零售商应该在自有品牌和国家品牌间保持平衡，吸引并维持可带来收益的消费者。

鉴于超市的竞争，产品定价复杂，有利于零售商，因为基本上不相关的产品可以相互补充，这种补充也十分重要。例如：

一家超市降低某个品类产品的价格，会增加消费者对另一种品类的需求，因为它能吸引更多的消费者进店（跨品类定价影响）。同样，多品类需求也会让零售商在总体不亏损的情况下，选择对个人杂货类产品进行低于成本的销售（below-cost selling）。例如，在英国，招揽客户的赠品是罐头白面包和罐头烤豆。通过不断地销售这些低于成本的产品，购物者会被吸引到店里来，他们同时会购买其他品类的产品。

货架曝光度（shelf visibility）

自有品牌市场份额在过去几年内不断增加，原因在于零售商在店里提供高质量的自有品牌产品。这大大提高了消费者对金钱的认知价值以及接受度。根据一项在意大利市场的调查，降低自有品牌在一个品类内相对于平均价格的价格，这种价格竞争，大体上没有效果。另一方面，价格促销效果更佳。然而，增加自有品牌渗透度的最有效方案在于偷走竞争品牌的货架空间和曝光度（visibility）。产品种类增加，货架上产品种类（广度）增多，每款产品库存量单位增加（深度），这些都能大幅提高自有品牌销量。假设商店里总的可用货架空间有限，自有品牌种类的增加意味着国家品牌产品的减少。事实上，较小的品牌会退出市场。

制造商品牌的回应

品牌制造商可以通过在品类内增加产品种类，来应对自有品牌带来的威胁。通过创新，使产品多样化与轮流推出产品，品牌制造商可以将商店货架划分成小部分，让零售商更难进行模仿或者变成领先品牌。许多全球品牌制造商，例如联合利华、宝洁、莎莉集团等，都采取了这个策略，这证明它十分有用。这些公司通过引进新口味、香味、配方、过程、包装设计、大小、样式，不断惊艳并吸引消费者。例如宝洁公司在乐购超市中，有 10 种不同的 Fairy 洗衣液。鉴于它的自有品牌策略，乐购仅模仿了其中的三种，并增加了三种香味，给消费者提供了更多的选择。显然，乐购认为仅复制已有产品并不会增加购物者的选择。更重要的一点在于，通过提供独特的另外几种香味，乐购向竞争分化、提高购物者忠诚度的目标又迈进了一步。

增加谈判力量

自有品牌能够提供给消费者一系列产品，价格要低于与其竞争的制造商品牌，因此自有品牌在价格竞争上具有优势，这一点毋庸置疑。在一个领域内引进自有品牌产品，增加了竞争压力，也可以提高零售商对抗国家品牌制造商的谈判地位，零售商的渠道、权利也会因此增加，进而改变制造商与零售商之间互动的本质。在分销渠道、货架空间、产品促销和定价方面若能够拥有控制能力，则会使得零售商有能力控制与品牌制造商之间的关系，这种力量可以改善供给条件。

引进零售商品牌使得零售商能够通过协商降低批发价格，降低品牌产品整体的价格。通过引进零售商品牌，零售商能够提高其面对国家品牌制造商的谈判地位，尤其是当零售商品牌（高质量以及品牌资产较高的自有品牌）同制造商品牌地位相似时，零售商处于优势地位，能够同国家品牌进行协商，达成对其有利的交易。另外，零售商也可以将他们的产品放在货架上的有利地方，提高同国家品牌制造商协商供应条款时的谈判地位。

根据英国竞争协会的有关资料，购买自有品牌的消费者中，有40%是因为价格低而购买其产品，另外，30%的消费者认为，自有品牌相对于其他品牌同类产品更值得购买。总之，我们可以说，投资自有品牌产品的品牌资产可能会增强零售商在面对国家品牌制造商时的谈判能力。

此外，自有品牌也使得零售商们能够降低对品牌制造商的依赖程度，制造商品牌产品暂时从货架上移走，也提高了零售商谈判地位，这种现象并不少见。对一种产品的暂时抵抗是否能够在协商中有突破，对这一点尽管仍有争辩，但是零售商若能够拥有高质量的自有品牌产品替换物，那么失去消费者的风险就会降低，零售商们也应该意识到，这种方法力量有限，因为零售商不得不满足消费者的需求，他们在同领先大众品牌进行交易时，谈判地位、谈判能力也会受到限制。

零售界势力的增强，使得品牌产品的供应商与他们的零售客户之间产生新的关系。在许多情况下，零售商的购买者也能够大大影响同上游供应商之间的交易条款，若品牌供应商几乎没有其他意外的渠道将产品送及消费者，上述情况尤其如此。在超市这个领域，买方力量十分强大，因为他们也能够在下游市场，也就是他们的商店内销售产品。对一个供应商来说，零售商是他们总销售中重要的一部分，然而对于零售商来说，这一部分仅是他们总营业额中的一小部分，尽管供给侧在过去的几十年内有所加强，但是其销售力量却并没有与销售商买方势力同步增长，这也使得谈判力量严重不平衡。

相对于国家品牌的崩解值分析

第 37 页的图简单模拟了一种自有品牌产品相对于国家品牌同类产品崩解值的分析。图中的两款产品来自荷兰的 Albert Heijn 公司，同为家庭保洁以及清洁剂相关产品。尽管零售价格基于事实，但必须指出的一点在于，此分析中，所有其他元素仅为估计值，因此不能保证与现实毫无出入，然而基于在自有品牌制造领域，包括家庭保洁领域内的经验，这些估计值可以很好地反映现实。

相对于国家品牌的崩解分析

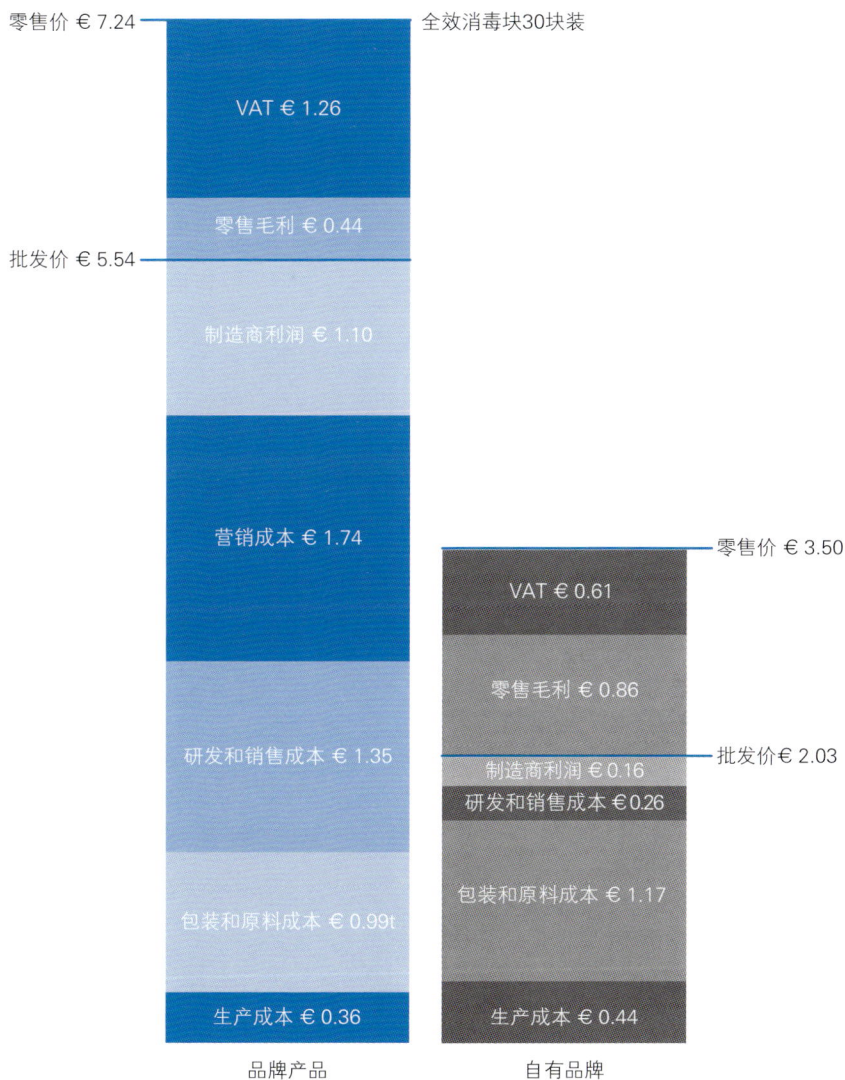

零售价 € 7.24

全效消毒块30块装

VAT € 1.26

零售毛利 € 0.44

批发价 € 5.54

制造商利润 € 1.10

营销成本 € 1.74

研发和销售成本 € 1.35

包装和原料成本 € 0.99t

生产成本 € 0.36

品牌产品

VAT € 0.61

零售毛利 € 0.86

零售价 € 3.50

制造商利润 € 0.16

批发价 € 2.03

研发和销售成本 € 0.26

包装和原料成本 € 1.17

生产成本 € 0.44

自有品牌

自有品牌产品崩解值分析

制造成本

相比于品牌制造商，自有品牌制造商成本更高，生产的规模更小，也造成生产过程并不高效，原材料和包装材料在换成一种新产品时，在生产过程中会丢失。生产线根据零售商的要求进行生产，并在生产过程中要求更多的管理和维修。此外，因为不同的包装款式要求，要对机器进行清洗和重新安装，这期间机器不工作，使得成本更高，最终，对于生产以及原材料补充的计划，以及包装过程更加复杂。

原材料和包装成本

品牌制造商通常会生产一种产品，适应整个市场，因此其原材料和包装成本要远远低于自有品牌制造商。对于自有品牌制造商来说，总生产量分散于各个不同的产品和产品零售商，这些产品和零售商也许会对这一产品有具体的要求，对于产品的具体说明，也就是原材料和包装，以及库存的分散化使得成本增加，高于品牌制造商的单一模式。除此之外，自有品牌制造商的原材料和包装的订货量也较小，通常零售商不允许他们的自有品牌供应商订购超过六个月的包装量和独家原材料。

调查和销售成本

通常品牌制造商会在研发方面投资更多，而自有品牌制造商则较少，对于一个复杂的产品领域尤其如此，比如家庭保洁产品和清洁剂，这种产品通常含有高度的创新元素，每隔一段时间，这种产品就会有新的或者升级版。此外，品牌制造商会更花费心思地进行产品销售，因为他们必须把分销链上的关系维持在不同的水平之上，而对自有品牌制造商来说，他们则关注管理同零售商之间的关系，而且仅关注购买水平，这大大减少了相关的销售人员。

市场营销成本

作为品牌拥有者——零售商，必须在市场营销方面进行投资，打造消费者偏好。通常自有品牌制造商除了在购买选择性的市场数据方面有所花费，并没有市场营销方面的成本支出，这同品牌制造商是截然不同的，因为品牌制造商根据自己在此领域的地位，必须大力投资打造并且维持其品牌资产。

制造商利润

自有品牌供应合同通常每年都会被再次协商，自有品牌制造商也会与多家制造商谈判最佳价格。因此，自有品牌制造商的利润远远低于品牌制造商的利润。

· 同制造商品牌共存

商店内的力量平衡，在过去多年内发生变化。以前品牌制造商决定哪种产品容易售出，零售商没有其他的选择。多年来零售商被迫尊重最低消费者价格，否则，就会面临被停止供应的风险。如今零售商牢牢地控制商店，并决定在货架上排列哪种产品，这也许不是品牌制造商的理想策略，但是这种做法、现象也确实使得供应链中两个重要的环节之间的平衡更加健康、良好。零售商若没有重要的国家品牌，则无法正常运营，而许多国家品牌也是零售商必须备有的存货产品。甚至瑞士的米格罗斯和马莎集团，两家多年来一直是拥有一百个自有品牌零售商的超市，也已经开始在店中再次提供其他国家品牌。另一方面，通过自有品牌，零售商也能够平衡国家品牌的力量，并能将价格控制在一个消费者能够负担得起的水平。

除了要提供高质量的自有品牌产品外，还必须有足够多的消费者继续购买国家品牌，这些国家品牌的消费者使得零售商能够保证足够的价格总水平，使他们能够从中获益。英国与法国的杂货店链的经验表明，自有品牌渗透（自有品牌占一个超市总销量的份额）越高，杂货店链的收益水平越高。

品类管理

因为零售商品牌价格通常较低，人们普遍认为，零售商品牌的增长应该会降低平均价格，但经验证明，平均杂货价格实际上反而上升了。一个事实可以解释这个现象，零售商使用零售商品牌来区别不同类型的消费者。通过广告受到吸引的消费者，会更倾向于购买国家品牌，其他人则会选择更高档的自有品牌，或者有特殊利益的自有品牌次品牌，这使得零售商对于那些通过广告吸引消费者购买的国家品牌要价更高。另外，对于那些以价格为导向的消费者，或者有特殊利益的购物者，专门提供给他们一系列的自有品牌次品牌，可以提升销量和利润。

品类理性化

尽管最初在一种品类中引进自有品牌，似乎是增加了选择，但最终这会牺牲那些滞销品牌（slower selling brands）的利益。由于自有品牌利润更高，零售商会让那些滞销品牌退出市场。自有品牌的渗透取决于现有国家品牌的力量以及消费者的选择。自有品牌渗透若十分成功，自有品牌会在货架上同领先品牌并肩放置。

零售商也许会考虑减少国家品牌的数量，以引进自有品牌产品。他们发现自己的品牌相对于二线、三线品牌，更能和较为强大的品牌进行竞争，因为通常自有品牌营销更强、包装更好。零售商的名誉和零售商对商品上架（shelving）、店内营销、促销、定价的控制，使得他们一开始就比较成功，失败风险较小。自有品牌产品增加了消费者的选择，使得国家品牌更难决定价格。二线品牌通常不像领先品牌那样，对产品进行营销，所以也更难同自有品牌产品竞争。自有品牌要求零售商有良好的声誉，这种声誉会增加自有品牌的销量，超过没有名气的二线、三线品牌。

通过选择性合理化（selective rationalisation），零售商可以在不影响消费者认知的情况下，降低库存单品量（SKU）。商品组合更小，也许会增加购物者满意度，以及选择本产品和商店的可能性。人们普遍认为减少库存单品量，会增加品类以及商店收益率。

若自有品牌范围广，发展良好，零售商就可以管理制造商品牌范围。自有品牌子品牌下的产品会围攻一些制造商品牌，使得他们失去品类价值。若有一个好的替换品，零售商会照顾其自有品牌，也会留出更多的货架空间，进一步扩大所提供的产品量。通常，面临退市的是二线、三线产品，因为他们在过去多年内已经被边缘化。

品类获益率

应该提出的一点是，一种产品品类内，自有品牌销售渗透过高，或者自有品牌市场份额太高，并不一定会提高品类获益率。品类管理者应该关注各自品类内的所有品牌，不要过度强调自有品牌产品。尽管自有品牌产品也许意味着零售商获益率提高，但消费者更倾心于完整的产品组合，过于关注自有品牌会降低品类表现。因此，品类管理需要衡量每个产品品类内国家品牌与自有品牌的最佳组合。提高整个产品品类的表现，而不仅仅是自有品牌的表现，这一点是品类管理实践中的基本原则。

零售品类管理要十分谨慎，不要过于推销自有品牌，而忽视国家品牌，甚至将国家品牌移出产品组合。调查显示，若自有品牌销量高于一定水平，会带来一些负面影响。例如，由于自有品牌产品比国家品牌同类产品售价更低，会降低整体销量；因为国家品牌吸引许多消费者，所以如果没有这些品牌，商店的顾客数量会减少。

事实证明，良好的自有品牌策略会吸引消费者。高质量的产品价格可以更低，这会降低购物整体成本。如果自有品牌在多个产品品类中提供的产品质量都高，成功的策略就会简化购物体验（减少购物者压力）。

随着自有品牌市场份额逐渐增加，有人担心国家品牌最终会不再被市场需要。但自有品牌与国家品牌十分互补，因为国家品牌使得零售商的利益最大化，也给予消费者选择。在一个此前不存在自有品牌的品类内引进自有品牌，通常是在品类内领先国家品牌获益，但会给二线、三线产品带来致命的打击。

应对品牌创新

应该指出的一点是，当自有品牌也开始模仿国家品牌走创新道路时，他们有时会影响品牌制造商的创新。零售商模仿创新速度过快，削弱了创新者的获益率时，就是如此。零售商的过度模仿，使得品牌制造商无法从创新中获益，长时间下去，他们就会失去在创新上投资的积极性，从而让品牌制造商延迟或限制将敏感信息提供给零售商的行为。尽管快速复制品牌制造商的创新成果看起来很吸引人，但是零售商要保持长期获益能力，仍需要领先品牌的存在。所以，他们应该考虑对品牌创新的模仿。

2013 年早期，吉百利（Cadbury）推出了冰巧克力奶酪之后的半年内，许多 Arla Foods 下的自有品牌对其进行了模仿。对这些快速复制的自有品牌，吉百利的营销经理表示："有时零售商模仿过快并立即推出自己的产品，而消费者还未来得及理解原有产品的使用和价值。"

一些完全或者部分被挤出市场的品牌制造商也许会从制造商品牌转向自有品牌生产。他们为超市生产自有品牌，从而通过自有品牌渠道重新获得市场准入。

第三章

零售商与制造商之间的关系

总结

　　力量平衡已经开始向零售商倾斜，有人担忧这也许会带来不利后果。在一个竞争激烈的市场，议价能力的使用通常会提高效率，降低价格。然而，有时施加零售力量也确实会带来消极的副作用。零售商若只片面地关注价格，就会对产品了解得不充分，会在不知不觉中降低产品质量。近几年也出现了很多这种情况。

· 力量平衡

自有品牌已经有了长足的发展，零售商以及制造商为取得他们如今的地位，也进行了大力投资。要使消费者认可产品，取得其对产品的信任，需要所有有关方多年坚持不懈的努力，而产品质量以及包装的吸引力在其中扮演着核心角色。消费者认知以及此后的广泛接受程度拉动着市场份额的增长。

然而，对零售行业力量平衡变化的担忧也不无道理。在协商中，零售商为自有品牌的供给提出新条件。由于制造业生产过剩，会有许多供应商为了同一个合同相互竞争，为了保证最优惠条件，潜在供应商们会彼此斗争，毫不让步。

零售商也会利用在谈判中收集到的知识从品牌制造商那里获得更好的购买条件。通过对不同提供商更为详细的对比，零售商能够估测一种产品的实际成本价格。也就是说，在对比中，零售商能够清晰地了解品牌制造商对其销售、调查、营销以及收益的加价幅度。

半买方垄断

通常每年或者每两年，零售商会针对自有品牌的供应重新协商合同。多数情况下，当前供应商以及两个或三个其他供应商会受邀参加投标，投标书文件中会大致列明产品包装规则、容量，以及其他条款或条件，让潜在供应商有大致了解。

自有品牌市场可被视为一个半买方垄断市场，仅有少数几个十分强大的购买者同多个供应商进行联系。买方垄断模型是垄断的另一形象，在垄断中，一种产品或者服务仅有一个供应者。尽管一个垄断市场缺少经济竞争，非常激烈的竞争也来自一个半买方垄断市场。在自有品牌市场中更为明显，因为在所有产品品类中，制造生产都过剩。这使得强大购买者与其自有品牌供应商之间形成一种独特的关系。在许多情况下，由此产生的购买力量使得购买者能够去影响或者决定同上游供应商间的贸易条款，当自有品牌供应商没有其他选择或无法通过其他渠道（外部选择权）接触消费者时，情况尤其如此。在超市领域，采购商力量十分强大，因为他们也拥有在下游市场（商店）销售产品的能力。最大的零售商或采购同盟与一个碎片化的供应方协商合同。

议价能力

对一个供应商来说，零售商是其总销量的很大一部分，然而对零售商来说，这部分也许仅是零售商总营业额的很小一部分。正因为如此，零售商的议价能力得以大大提高。以下因素将会提高零售购买力量：

第一，仅仅几个零售商，就占供应商销售销量的很大一部分。

第二，将货品退出市场的能力，更换供应商的能力。

第三，通过提供货架空间，控制顾客数量。

第四，将一些品牌移出市场，从而为个人的自有品牌挪出空间的能力。

在一个竞争激烈的市场中，利用议价能力，通常会提高效率，降低消费者价格。通过议价能力降低批发价格，很可能为消费者带来好处，因为上游的成本节省会以下游更低的价格转给消费者。自有品牌供应商的销售价格不应该低于其成本。但有时，当一个供应商与同一个零售商进行协商，并施加过度的力量，而且如果没有其他的分销渠道，他也许会以赔本价格同意合同。如果发生这种情况，制造商也许会主动寻求进一步降低总体价格成本的方法，而这也许会影响到产品的质量。

施加零售力量

制造商一直担忧大型零售商会向他们施加力量。此外，供应商对零售商最大的不满，除了合同中只有供应条件单方面发生变化外，还包括所谓的"法医调查"（forensic investigations），即零售商们通过"打不赢不给钱"的第三方来分析六年前的账单以及记录，并找出促销或者样品赠送活动的证据，或者供应商欠零售商钱等原因。除此之外，不满之处还包括：顾客投诉的不正当收费，发货过晚或错发货，一次性付款的要求，以及支付高于合同之初达成一致成本的营销支出，对照片与设计过度收费，未经协商增加支付款项，延期支付或者对预测订单时出现的严重错误不予补偿。

最近，向自有品牌制造商施压的例子为，超市威胁那些选择向折扣商供货的供应商，要将他们的产品移出货架，这种情况正是早些年前英国零售商们的做法。

2013 年 5 月，在 IGD 的发布会上，英国乐购向数百家供应商展示了一项新的贸易契约。新契约规定，乐购的重点要放在创新、合作、共赢原则，信任、尊重、提供帮助、回应能力、温暖、礼貌以及荣誉方面。乐购承认，在过去，公司无知、充满官僚主义以及阶层主义。但还不知道会有多少人去遵守这项贸易契约。

供应商的担忧

在同自有品牌制造商的合同中，通常发生的情况是零售商与自有品牌供应商之间的关系会变复杂。这不仅仅是权力不平衡的原因，更是由于品类管理者以及采购商不断发生变化，经常转换地位。尤其是在利润较低的品类中，经常会发生这样的情况。由此零售商对于产品的了解通常低于平均值，甚至缺乏对产品的了解，从而使与供应商之间的互动十分复杂。有关原材料、产品特征、感光评价以及质量方面的讨论有时也会十分艰难，甚至无法进行。有人指出零售商不断进行大改变会浪费宝贵的时间和精力，而让结果不尽如人意。在我们的讨论中，似乎零售商不那么尊重他们的自有品牌供应商，不会将他们视为生意上的合作伙伴。缺少相互信任，会影响一个富有成效的关系以及合作。正如一位制造商所说的："分享知识会创造价值，而不分享知识所造成的无知也许会丢掉一批财富。"

像 Lidl 和 Aldi 这样的折扣店，在这方面会采取不同的解决方法。采购者、经理以及员工多年以来基本保持不变，因此对品类有着深入的了解，并通过加强合作，分享知识。

对价格的片面关注

作为一家咨询机构，我们同世界各地的自有品牌制造商紧密合作，他们的主要担忧之一在于，为自有品牌每年举办的合同协商中，对于价格的片面关注。对产品的知识不足或者对产品质量关注不够，此过程也许无法为零售带来期望的结果，即同那些标准品牌质量一致的产品，例如，腌小黄瓜的例子。如果对作物保护得不够，或者没有行之有效的质量管控体系，果蝇的幼虫也许会侵蚀作物以及最终的产品。一些为了成本省去作物保护过程的农民，也许不会因此遭受损失，但是以低价包销这些产品的零售商会遭遇严重的质量问题。从外面看，这些腌黄瓜同未被污染的黄瓜之间并没有明显的不同，但是幼虫很有可能已经进入了果实中，零售商确实会为此付出较大的代价，因为完整的货运过程之后，黄瓜会被幼虫侵蚀，顾客们会纷纷投诉。召回产品的代价高昂，在补运新货期间，也没有其他可用产品，除此之外，对这些召回产品，零售商也无法得到退款。

短期合同

现代供应关系通常十分薄弱，也是短期的，自有品牌供应的有效时长有限，通常每年会重新进行协商。由于供应商数量过多，而大型零售商屈指可数（准买方垄断），采购者相对能够比较容易地更换供应商。增强联系并签订多年的合同，能够更有效地分享信息、应对风险、加深合作，也会改变食品与农业合作伙伴关系的本质。从关注购买价格的交易合作伙伴关系，转变成创造价值的一个体系。精密的供应链也会帮助防止食品安全问题和质量丑闻的发生，比如牛肉汉堡和外卖中的马肉。此外，通过多年的合同，可以向农民和制造商保证生产管理、效率、价格。

· 成本压力与质量下降的风险

当生产商面临价格上的压力而别无选择，只得降低输出质量时，就有可能发生质量下降的情况，这种情况更有可能发生在检测有限的情况下。尽管我们不承认，但这种做法是普遍存在的。在食品品类自有品牌的市场，有许多产品质量下降的例子，所以零售商应该时刻注意完善他们的质量控制体系，因为如果不这样做，就会影响到最终的消费者，也会降低消费者对由自有品牌零售商提供的其他产品的信任度，最终减少自有品牌的销量。

价值工程

为了避免潜在的亏损提议并保证收益率，重新设计自有品牌产品或包装（价值工程），也许是制造商的唯一选择。取决于产品以及消费者的关注程度，质量下降的风险也会凸显。若因为产品本质，消费者很难注意到质量下降的问题，质量下降这一过程也许会持续存在。在这种情况下，降低价格也不会给消费者带来预期利益。尽管消费者付钱少了，但是他们收到的益处也减少了。

自有品牌产品的质量下降有两种情况：第一，零售商与供应商能够达成共识；第二，这种结果是制造商方的主意，零售商要么没有被告知，要么没有发觉。

双方合作下的质量下降

市场会要求零售商与供应商共同协作，以降低一种产品的价格。当一家主流零售商试图同一家折扣店的一种产品的零售价进行竞争时，也许就会发生上述情况。由于主流零售商缺乏折扣店的货品数量以及低成本运营体系，要同折扣店进行竞争的唯一方法就是降低产品质量。2014 年 1 月，IPLC 出版了有关欧洲主流零售商该如何应对折扣店的调查报告，报告结果支持双方认可的对质量下降的假设。在 Lidl 调查的所有产品中，实体质量和包装质量同国家品牌的质量不相上下，甚至还要超过国家品牌的质量，但是主流零售商提供的多数廉价自有品牌的质量低于 Lidl 提供的自有品牌和国家品牌产品的质量。

这并不意味着产品安全出了问题，而是说，在许多例子中，人们减少了昂贵成分，而这些材料也在成分表中清晰地一一列出。这些例子有：降低草莓酱中的水果含量，巧克力酱中的榛果含量，花生酱中花生含量，巧克力条中榛果的含量，纯天然穆兹利（一种用碎果仁、干果、谷物混合而成的早餐食物）中水果的含量，以及新鲜三文鱼沙拉中三文鱼的含量。

未检测到的质量下降

当制造商面临价格下行的压力，而保住合同的唯一方法是将售价定为近似或者低于成本价时，会出现一个更加严峻的问题。对制造商来说，保证收益率的唯一办法也许就是价值工程，如果零售商的质量控制体系不到位，就发现不了质量下降的问题。制造商如果同意了一些并不现实的条件，他们也许会对产品进行价值工程改造。他们也是一群持观望态度的制造商。最优秀的品牌供应商策略清晰、程序到位、不接受赔本生意，他们也知道何时应该抽身离开。

自有品牌生产商利润低下，再加上价格上的持续施压，即使是在能够获得微利的情况下，也会出现产品质量下降的情况。当原材料成本上升，或者市场发生变化，而损害了获益率时，就会出现上述情况。例如，农产品价格极度不稳定。在合同期限内，自有品牌制造商将原材料成本的增加转给零售商几乎是不可能的，而且被迫接受这些成本有可能让制造商继续降低产品质量。如果获益率以及生意的可行性严重下降，就会出现质量下降的现象。这种情况对于自有品牌制造商来说并不罕见。

质量下降实例

2011年7月，英国最大的三家零售商，乐购、阿斯达和Morrisons，从货架上撤下了冷冻鲇鱼，因为这些鲇鱼被发现掺了假。这些鱼来自越南，在英国进行加工，通过在鱼的身体内注入水，让消费者花了更多的钱，却买到更少的鱼。英国贸易标准局（Trading Standards Institute）在一次例行监测中发现了这起质量下降案例。乐购声称，乐购自己的内部供应商审计检测到产品具体规格说明发生了变化，所以乐购无视英国贸易标准局的判定结果，召回了产品。与此相似，阿斯达也声称，产品首先经过内部审计，在自己的品牌下进行销售，因此也召回了产品。Morrisons 撤回了其品牌 Perfect Catch，以应对品牌拥有者以及英国加工商的要求。

2013 年 3 月，报道称，德国超市的冷冻鲽鱼、鲇鱼和虾内加了水，所以增加了重量。尽管往产品中加水是可以的，但必须告知消费者，让他们能够将加水产品同未加水产品区分开来。经报道后，德国零售商艾德卡从货架上撤回了在 Gut & Günstig 品牌下销售的自有品牌明虾。艾德卡极力否认自己有罪，并将责任推给制造商。

鱼类生产中一个更小的例子为罐装金枪鱼的生产。通常来说，罐装金枪鱼的质量好坏在很大程度上取决于鱼肉为固体、块状还是雪花状。雪花状的金枪鱼质量最差，因为鱼的表层会加快氧化。自有品牌制造商价格压力过大，最终在所称的固体或者块状金枪鱼中加入片状金枪鱼肉，从而降低质量。能够在锡盖下隐藏好质量不好的部分鱼肉，也可能增加产品的吸引力，从而重新获得收益率。

2013 年早期，爱尔兰食品标准局（The Food Standards Agency of Ireland）发现，英国超市与爱尔兰超市售卖的冷冻牛肉汉堡中包含马和猪的基因。进一步调查发现有更多其他产品，广告中声称包含牛肉，却被发现包含未说明的马肉，在某些情况下马肉的含量甚至达到百分之百。

这些案例说明价格上的压力会带来反面效果。采购商的力量，可以使得价格下降，从而给消费者带来益处。然而质量下降会抵消这些好处，因为消费者受到了误导，他们实质上是以高于市场价值的价格购买了次品。要指出的有趣的一点是食品质量很容易下降。食品的认知品质取决于自有品牌的属性价值（attributed value）以及消费者的主观品味。由于对食品的评价是通过感官，而感官评价在本质上并不准确，因此质量下降问题会存在。

然而，食物中有一些品类有更为严格的质量标准。例如对橄榄油的质量分析要通过感官以及化学测试，然而这些测试并不能够保证橄榄油产品可以免除质量下降的危险，例如在2010年发生的一场争论，事关从欧洲出口到美国的橄榄油质量问题。戴维斯橄榄油中心（UC Davis Olive Center）所采取的一系列测试指出，进口的特级初榨橄榄油（extra virgin olive oil）并没有通过国际和USDA标准。需要指出的重要一点是，橄榄油的进口商质疑这些调查，他们声称受到了跨境偏见的影响。虽然在这里我们不对这个案例中的事实加以评论，但这个案例证明了质量下降的可能性。

如果存在这种质量下降问题，那么可能是外部因素造成的结果。我们可以想象生产商受到欧洲当地市场价格下行的压力，由于采购商和消费者比较精明，制造商无法降低产品的质量。而与此同时，美国的新兴出口市场质量监管检测较少，消费者对产品的了解不多，通过降低出口产品的质量创造了一个机会，能够在风险较小的情况下重新获得收益率。从食品过渡到自有品牌下的非食品产品，需要指出的有趣的一点是，这些非食品产品也有可能出现质量下降的问题。非食品类产品，例如家用清洁剂以及洗衣液，同大多数食品品类不同，因为这些产品的质量能够通过技术检测措施客观地进行评估。这些产品的构成可以通过化学分析和明确的样品测试进行确认。测试结果会显示产品效果，同样品所列出的各种成分之间的对比。

　　接下来的这个例子是我们在做咨询的过程中所遇到的实例，也证明了非食品领域内的质量下降问题。一个自有品牌洗发水的供应商，参加了一项自有品牌的招标，以保证自己与一个领先零售商之间的现有合同。在估价要求方面，这个零售商同参加招标的各方分享了提供给消费者的自有品牌产品的具体规格要求。基于交给零售商的样品，一位制造商成功地在所要求的规格下赢得合同。当产品出现在货架上，表面看起来似乎是此前达成一致的高规格产品，但事实上，此产品的质量并没有完全符合双方同意的规格。有趣的一点是，发现这一问题的并不是零售商，因为他们缺少相关科技对新产品进行检测，也不会考虑在一个独立的实验室中对产品进行测试。发现这一质量下降问题的是在招标时输给此制造商的一个自有品牌生产商，此生产商提出要对产品进行检测，发现这位制造商现在提供的洗发水，并没有达到零售商所要求的那些规格。

对抗成本压力

超市影响力不断上升，自有品牌市场份额也不断扩大，这给农产品制造商带来了巨大的压力。由此，对于那些想要缩小零售商势力范围的制造商来说，国际战略异业联盟变得更加重要。关于这种战略联盟的一个有趣的例子是澳大利亚的一家大型水果蔬菜加工商，同南非以及泰国制造商之间进行的合作。除了农产品制造商之间的激烈竞争、相互杀价，异业联盟还提供了另外一个选择。

第四章
自有品牌管理

总结

　　自有品牌使得零售商能够完全控制产品，并采取独立的策略。除此之外零售商的重要竞争优势在于他们掌握着精确的数据以及决定新产品开发项目生死的能力。他们通过不断的实验，以新的概念测试市场。另外，一个分化的自有品牌战略给零售商提供了一个独特的机会来推出多品类亚品牌。除了经常使用的基于价格细分的三级策略，一个准确的缺口分析能够为新策略带来机会，并由此开发和推出零售商品牌。通过使用一致的外包装设计，货架上的自有品牌产品更为明显，由于商店内部所提供的产品更加容易识别，消费者在做决定时也会受到相应的影响。

　　最新的一些策略显示产品和包装质量以及合资品牌使自有品牌适合出口。

· 品类管理

创新

食品零售处于一个动态的环境，要不断根据社会的趋势和变化进行调整。因此产品和包装的不断创新，以及由此造成的新产品的引进和旧产品退出市场是所有相关管理者每天都要面对的现实。从传统上看，产品创新一直是品牌制造商的竞争优势，如今这样的情况已经发生了变化，因为自有品牌供应商有知识，也有资源进行创新。更重要的一点在于一个新的自有品牌条目也许会完全改变一个已经处于休眠状态的品类，购物者也会接受来自自有品牌的产品创新。我们甚至可以说，零售商比制造商品牌有着更多的优势，他们可以快速进行模仿，也因为他们控制着分销以及销售点，所以能够立即接触消费者。这样他们可以更容易地影响产品的认知，从而培养顾客的接受度。

根据尼尔森（全球著名市场调研公司）的相关资料，从2011到2013年，西欧市场引进的新产品达到62725个，但是仅有55%在货架上陈列六个月的时间，一年后，73%被从货架上移走。成功的创新可以让一个品类不断增长，失败的创新可以影响一个品类的发展。然而创新引入市场所花费的时间仍是一个挑战，这段时间可能会非常漫长，仅有极少数的零售商知道如何在六个月内打入市场，将近一半的零售商会花费长达两年的时间。

允许独立策略

自有品牌使得零售商完全掌控产品，并采取独立策略将自己的产品同国家品牌产品区分开来。这适用于实体产品及其包装。零售商可以告知消费者产品中的营养物、过敏原、人工色素和人造香味剂的使用、氢化油、产品的碳足迹以及其他更多的信息。零售商也可以决定增加或减少，甚至在所有品类中移除某些材料，以解决一些健康问题或者减少消费者的担忧。

多年来，由于自有品牌引进新产品，许多国家品牌失去了与大众的相关性，已被从商品组合中移出。品类经理在积极寻求新机会提升他们品类的表现。

缺口分析和产品组合决定

每一个品牌对整体品类销量和利润的贡献，需要定期进行评估，以决定哪些产品是滞销品，哪些产品是畅销品。品类管理者积极进行缺口分析，也许会发现一些新的策略，开发并推出零售商品牌。消费者在整体上对自有品牌的接受度增加，使得品类管理者可以冒一些风险。这样的缺口分析，会形成未来库存单位管理（SKU-management）的基础，并决定哪些产品可以继续增加，哪些产品由于表现不佳，需要断货。零售经理也需要采取以顾客为中心的方式，来提高顾客的满意度，并保证货架上摆有他们更喜爱的品牌。

基于品类回顾（category review）的零售商自有品牌策略

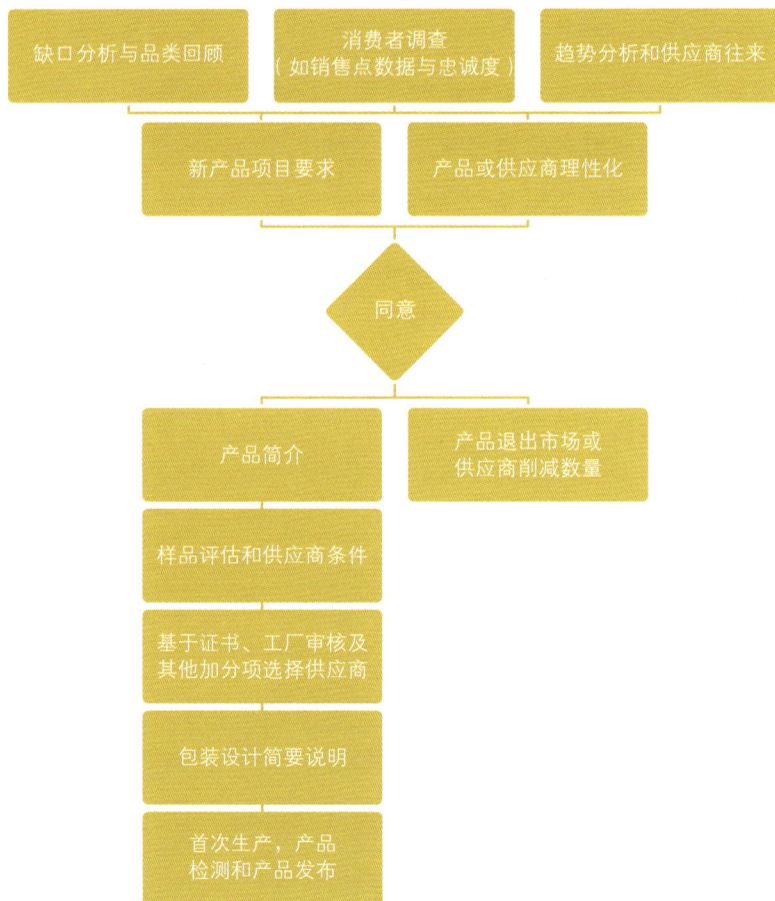

```
┌─────────────────┐  ┌─────────────────┐  ┌─────────────────┐
│ 缺口分析与品类回顾 │  │   消费者调查     │  │ 趋势分析和供应商往来│
│                 │  │（如销售点数据与忠诚度）│ │                 │
└─────────────────┘  └─────────────────┘  └─────────────────┘

        ┌─────────────────┐  ┌─────────────────┐
        │   新产品项目要求   │  │  产品或供应商理性化 │
        └─────────────────┘  └─────────────────┘

                      ◇ 同意 ◇

        ┌─────────────────┐  ┌─────────────────┐
        │     产品简介      │  │  产品退出市场或    │
        │                 │  │  供应商削减数量    │
        └─────────────────┘  └─────────────────┘

        ┌─────────────────┐
        │  样品评估和供应商条件 │
        └─────────────────┘

        ┌─────────────────┐
        │ 基于证书、工厂审核及 │
        │ 其他加分项选择供应商 │
        └─────────────────┘

        ┌─────────────────┐
        │   包装设计简要说明  │
        └─────────────────┘

        ┌─────────────────┐
        │   首次生产，产品   │
        │  检测和产品发布    │
        └─────────────────┘
```

Source: IPLC
零售商通过进行品类回顾，也许会研发新产品，将现有产品合理化零售商不断使用他们的商店来测试产品。他们由于拥有商店，所以可以很容易地对产品进行测试，也能够保证自己接触到市场。同时零售商拥有详细的销售点和消费者忠诚度数据，也有实施项目的能力。通过不断试错的方法，他们以新的概念来测试市场。与此相关的投资有限，因为不需要有市场调查或者个人营销。产品仅由品牌供应商一起生产出来，并放在货架上。一个强大的零售商品牌以及吸引人的包装最终会让产品在商店内受到关注。如果消费者十分乐意接受产品，这将会增加整个品类的价值，扩大品类销量；如果消费者不接受，产品会在推行过程中静静地消失。这种模式同品牌制造商将新产品引进市场的方式截然不同，因为品牌制造商的方式会花费很多时间，代价高昂。

在食品品类周围（near-food category），自有产品几乎无法进行创新。品牌制造商在产品开发方面大力投资，不断声称他们产品有新功能。例如在洗衣液方面，他们会称洗衣液可以在低温下使用，配方简单、便利、环保以及其他特征。产品的这些新特征需要通过营销手段传达给消费者，这是品牌制造商的典型领域，因为他们拥有对单个产品进行投资的资源。而零售商们不会将他们的营销重点放在单个或者几个产品上，但是可以通过打造零售商品牌整体支持自有品牌的销量。

然而食品品类的创新，主要关注的是产品的感官特征，因此积极地传达新产品的特色没那么重要。通过包装设计，以及一些营销宣传，很容易就能向购物者解释一种食品的典型特征，媒介就是信息。

· 利基市场营销理论

一个不同的自有品牌策略，使得零售商拥有独特的机会推出多品类次品牌，数量也远远高于任何一个单一品牌制造商推出的产品数量。即使是世界上最大的品牌制造商也无法提供所有的食品和非食品品类，他们通常在单个或者有限数量的产品品类中打造品牌资产。但这似乎并不适用于自有品牌，因为自有品牌会扩展到一系列不同的产品中。这给予了零售商巨大的战略优势，因为公司可以独立确定利基市场，并由此在那些可以清晰识别外包装的产品领域提供副品牌。在引进自有品牌副品牌的同时，通过定期提供与国家品牌不相上下的自有品牌产品，零售商可以给予购物者更多的选择。最初，基本的"良好—更好—最好"架构的发明，主要关注点在价格和质量方面。

通过量身定做的自有品牌，零售商可以打入那些对于品牌制造商来说太小的市场，他们可以选择一种主题，或者选择一个特别的目标群体，通过自有品牌副品牌直接向这些消费者销售各个品类的产品。通过在这些市场提供自有品牌，他们可以衡量消费者的接受度，创造需求，并通过使用一致的外包装设计，使产品在货架上更加显眼。另外，由于商店内提供的产品更加容易识别，目标群体在做决定时也会受到相应的引导。

奥地利零售商 Billa 在 Corso 品牌下，推出了一系列包装设计独特的熟食产品

健康饮食

2009 年，乐购推出了一系列在 City Kitchen 品牌下的高档异域美食，专门针对那些时间比较紧张的上班族。这一系列便利、健康、新鲜的食品解决了消费者针对冷冻快餐的担忧。为了做出回应，森斯伯瑞（Sainsbury's）也推出了两个健康食品系列：My Goodness 和 Deliciously Balanced，专门针对那些想降低卡路里摄入量的消费者。与此相似，Morrisons 也在 2012 年底推出了 NuMe 来替代之前的 Eat Smart 系列产品。NuMe 旨在帮助消费者更容易地选择较为健康的食物，同时保持食品的味觉质量和消费者的可支付能力。

Sainsbury's 推出的两个健康食品系列：My Goodness 和 Deliciously Balanced 这两个系列专门针对那些想降低卡路里摄入量的消费者

功能食品

零售商似乎加速了在自己功能食品方面的创新。乐购在牛奶以及牛奶替代物方面推出了一些新的产品线，例如 Healthy Bones，一种含有钙和维他命的牛奶。森斯伯瑞也推出了自己的降胆固醇冷饮（低脂并包含植物固醇）和加入维生素的西班牙高规格橄榄油。考虑到零售商对不含特定成分的食品（Free From）的热情，我们有理由相信他们将继续投资，开发新的功能产品。

伴随消费者对于食物过敏的担忧以及公
众健康意识的增强，出现了很多 Free-
From 自有品牌产品，例如德国零售商
Rewe 的"frei von"

不含特定成分的食品（Free From）

伴随消费者对于食物过敏的担忧以及公众健康意识的增强，这使得不含某种特定成分的食品货架区成为多数大型超市的一个固定区域。这一品类不仅能够为那些乳糜泻患者（不耐麸质人群）提供食品，现在也吸引了那些视吃无麸质类产品为更健康、更积极生活方式的消费者。英国购物者中，有16%购买无麸质类产品，调查显示，随着越来越多的消费者认为不含某种特定成分的食品更健康，这一数字还将会翻一番。一项针对一千多名成人的研究发现，55%的购买者对某种食物并不过敏或有耐受不良现象，也没有同拥有这些特征的人生活在一起。人们似乎认为这类产品整体上更为健康或者更好。英国的不含某种特定成分食品市场从 2009 年的 1.74 亿英镑增加到 2014 年的 5.38 亿英镑（上涨 209%）。在这一成功案例中，很显然，生活方式的选择扮演着重要的角色。那些购买此类产品的消费者的数量要远远超过被检测出有与食品有关的某种疾病的人的数量，例如，英国人口中仅有 1% 的人被检测出患有乳糜泻症——一种要求患者避免所有麸质食物的自动免疫疾病，而且只有 15% 的人不耐乳糖。不仅那些选择这种生活方式的人相信，不接触麸质或者某一种特定成分对整体健康有好处，公众对于食品过敏、耐受不良现象以及敏感度的关注度也有所增加。儿童被检测出患有乳糜泻症的数量不断增加，因此整个家庭都会选择一种无麸质类生活方式。随着这种不含某种特定成分的食品越来越受人欢迎，这种产品也成为一种潮流。例如这一领域的消费者对于某种嗜好的需求，也是一个还未开发的领域。健康生活方式的选择者有对某种食品的嗜好，因为他们对味觉要求很高，一旦某种产品尝起来味道不好，他们购买一次之后，便永不再购买。

降低含糖量

健康是零售商议程上的重中之重。Waitrose 将其 Tropicana 产品线中三分之二的产品移出了市场，并同时引进了一系列新的含有甜菊糖的自有品牌果汁类产品，其所含热量比国家品牌低 30%。乐购也推出了其首批由自然甜味剂甜菊糖制成的自有品牌软饮料。在推出"十点肥胖计划"之后，乐购又推出了 Tesco's Classic 系列，这些产品含糖量要低 30%。

英国品牌 Boots 推出了一系列不含糖产品

昙花一现的潮流和媒体大肆宣传

零售商非常希望理解消费者以及他们的喜好。销售点数据以及会员卡提供给他们宝贵的信息，基于这些信息他们可以选择采取哪种措施。规模更大、管理更有效的零售商，对市场采取一种更为复杂的方式。基于对可用数据的系统调查，他们生产出那些能够在店中更好地满足购物者需求的新产品，与此同时，不同的主题也进一步发展了自有品牌。零售商也推出一些副品牌来解决一些社会问题，例如可持续性和健康问题，或者满足一些购物者的特殊需求。其中的一些副品牌针对持续时间长的潮流，其他一些品牌，由于潮流昙花一现而消失。出于这种紧跟潮流、反应快速的合作机制，这些短期计划似乎愈加常见。

碳水化合物控制

零售商能够快速根据市场潮流做出变化，一个绝佳的例子就是乐购推出的副品牌 Carb Control。2004 年在英国，选择低碳水化合物饮食方式的人数达到高峰。消费者对于低碳水化合物食品的兴趣日益增加，为应对这一变化，推出了各种各样的品牌策略，引进了一系列产品，如 Carb Options（联合利华），Carb Check（亨氏公司），Low-carb Kit Kat（雀巢）。此后，乐购推出了 Carb Control 的自有品牌产品线，在各个不同的品类提供产品。然而，2005 年这种品类利润下降，因为选择低碳水化合物饮食习惯的消费者数量下滑。制造商品牌退出了市场，乐购的自有品牌也同样如此。

2004 年，为了跟随短暂的潮流，乐购推出 Carb Control

Albert Heijn 为配合一档很受欢迎的电视节目 *home-cooking*，推出了一系列烘焙产品和器具

媒体大肆宣传

受到电视节目《英国家庭烘培大赛》的影响，2014 年荷兰的电视烘焙节目，使得家庭烘焙极其受欢迎。八周之内，家庭烘培的业余爱好者为赢得"荷兰最佳家庭烘焙师"的称号相互竞争。对于这种媒体的宣传，Albert Heijn 推出了独家产品组合 Heel Holland Bakt（整个荷兰都在烘培）。推出了制作饼干、蛋糕、杏仁奶油饼的不同种类的面粉，还推出了短期销售的烘焙器具。

体育赛事

2014 年 3 月到 8 月，阿斯达在巴西举行的世界足球锦标赛期间，推出了一系列春夏季食品和饮品。在 Brazilian Steak

Pizza、Brazilian Chickpea Grill Burgers、Pina Colada Roulade、Tequila 以及 Piri Piri Ribs 这些品牌下的产品，在一定期限内进行了销售。

节假日

节假日期间的更大的市场、更多的机会一直是零售商灵感的来源。尤其是在圣诞节和复活节，购物者更乐意花更多的钱，去购买昂贵的奢侈品。欧洲各地的零售商将产品专门设计成节日包装，并临时提供自有品牌产品。购物者在大多数情况下会选择独特的高档熟食产品，作为圣诞节晚餐或复活节早午餐，而那些熟悉的、吸引人的产品系列会吸引那些不常在商店内购物的新客户，因为购物者除了购买一些奢侈品外，也因为乐于消费，而在商店内购买其他产品。利基市场策略能帮助打造顾客忠诚度，提高商店的总体销量和利润。

节假日期间，Lidl 商店提供 Deluxe 和 Delicieux 品牌下的一系列高档产品

圣诞节和复活节也是绝佳的机会，可用来测试新产品在市场上的营销情况。这些节假日通常都能够保证超市的最高销量，也可以利用这些机会来测试新的产品理念。一些节假日特有的自有品牌也许十分成功，零售商会将它们永久纳入产品组合中。除了最主流的零售商，那些折扣店在节假日期间也拥有一系列高级的自有品牌产品。2010 年荷兰的零售商采取了一个有趣的措施，在斋月底，根据穆斯林传统，会庆祝开斋节，这个时候，荷兰零售商提供一系列临时产品专门针对这些特殊的购物者。这种系列的产品包括各种各样的甜品，也包括印有阿拉伯体文字的 HEMA 巧克力。

Waitrose 的高档自有品牌异域餐包

国家品牌制造商通常在做过大量的市场调查之后，推出新产品。零售商则与国家品牌制造商不同，他们可以直接在节假日期间推出这些新产品，这种类型的自有品牌产品并没有大量的调查支持，商店也被用作一个实验室。

异域美食

为了应对经济衰退，英国零售商追随的潮流之一，是推出异域美食。随着经济下行，人们会选择不过节假日，外出就餐更少，他们选择在家中享受美食。此外，越来越多的第二代以及第三代少数民族群体开始寻找更为便利的食品。为了应对这一趋势，零售商扩展了他们在速冻食品领域的自有品牌产品。这些产品不仅包括十分主流的餐饮，例如印度餐、意大利餐和中餐（订餐量很大），也包括更具异域特色的食品，比如加勒比海、尼泊尔以及黎巴嫩餐。这些异域美食也被摆在货架上，作为自有品牌下的产品。超市也在节假日期间推出更多的促销活动，例如排灯节（印度）、斋月（穆斯林）、诺丁山狂欢节（加勒比海）以及中国的春节。

老龄化

针对未来的消费群体，零售商也可以推出更多的产品，例如专门针对老龄化人群的产品，这样他们可以在晚年保证认知以及身体功能正常；或者推出专门针对肥胖人群的产品。

大厨代言

在食品线的高端部分，尤其在熟食方面，有许多变化。现在的趋势是许多明星或者知名人物直接帮助发展自有品牌产品，而不是仅仅把他们的名字加在产品的外包装上进行代言。零售商 Waitrose 推出 Hesto Christmas 圣诞节甜品获得成功之后，又同明星大厨 Heston Blumenthal 进行合作，推出一系列熟食。Blumenthal 的团队设计产品和配方，与此同时超市的两名调查人员试图找出什么产品可以大规模生产。

2000 年以来，Delhaize 提供了由知名大厨独家推出的 9 种速冻晚餐

阿斯达将其 Extra Special 系列的发展交给利思食品与葡萄酒学院（Leith School of Food and Wine），Morrisons 为其速食快餐推出大厨招牌菜，M Kitchen 则采用和一些大厨合作的方法，例如 Pierre Koffmann、Atul Kochhar 以及 Aldo Zilli，并利用时下流行的烹饪技巧（例如，真空低温烹饪）。知名大厨 Jean-Pierre

Coffe 以及时尚专家 Gok Wan，也分别帮助过 Casino's Leader Price 和森斯伯瑞自有品牌系列的发展。

购物者参与

通过购物者的代言，提高自有品牌吸引力是一项新兴潮流。这不仅能够提高顾客的信任度，也能保证质量标准符合购物者的期待。在这种更以消费者为中心的策略之下，自有产品重新推出之前，消费者可以参与到包装设计、产品提升以及产品创新中来。超市的自有品牌通常被视作模仿主流品牌包装和内容的仿造品牌。为了挑战这一观点，阿斯达决定重新推出 Chosen By You 品牌下的自有品牌系列，以提高质量认知。为了达到这一目的，2010 年在标准自有品牌产品线重新发布之前，一家独立公司推出口味测试。来自阿斯达的顾客以及其他大型零售商的顾客共同测试产品，若产品满足不了消费者的标准，则不会进入这一系列中去。

Chosen By You 项目的目标是解决价格、质量难题，这一问题通常同自有品牌产品联系在一起，也就是说人们认为自有品牌产品价格低于制造商品牌产品等价物，也就意味着质量上要打折扣。阿斯达则旨在向购物者保证，整个产品线已经受到真正消费者的测试。除此之外阿斯达还想在六千多种产品线以及多个产品品类中创造一种货真价实的感觉，以改善货架摆放和引导功能。

　　阿斯达在自有品牌系列、价格和质量方面投资一亿英镑，Chosen By You 项目占据其中一部分。重新发布了 3500 种食品类产品，2000 种家庭用品，并引进了 500 多种新产品。在推出这个品牌之前，在英国大型零售商中，阿斯达的自有品牌增长最为缓慢，然而到了 2012 年 6 月，阿斯达自有品牌以 8.4% 的速度增长，超过市场平均值 2%。

购物者参与到 5000 多种阿斯达自有品牌产品的测试、评估和重新发布中去

精美、怀旧视觉效果

　　精美的图片加上明亮的色彩，可以展示产品的味道以及产品变化，让它们在货架上更加出众。怀旧、经典的产品包装也越来越受欢迎，可以有效地将自有品牌产品从更为现代化的替代品中分离出来。购物者更倾向选择这类有特殊吸引

力的产品，而且也能同上一代人产生共鸣。那种包装设计简单、自然的产品，数量也在上升，因为越来越多的购物者认为传统产品品牌过度地宣传了产品中的营养成分。

怀旧、经典的自有品牌包装设计越来越受欢迎

合资品牌

　　2011 年，乐购在店中推出一系列高档品牌，但是这些品牌并没有包含乐购的名称。这些所谓的合资品牌位于"良好—更好—最好"的自有品牌架构之外，以 Parioli、Chokablok、Halo、New York Soup、Llamas、Lathams 和 Nutricat 之类的名称存在。这些品牌产品试图在乐购全球网络，以及在非竞争零售商的乐购商店之外，以真正的国家品牌的形式存在。一些合资品牌，例如 Chokablok、Llamas 和 New York Soup 品牌的表现同真正的国家品牌无异，拥有自己的网站和社交媒体渠道。

自有品牌内的品类管理

接下来的一个例子，展示了品类管理过程是如何形成的。Albert Heijn 超市的品类管理者决定对花生酱品类进行分析。联合利华所拥有的市场领先品牌 Calvé 有四种不同的花生酱：Regular、Chunky Nut、Light 和 Creamy 花生酱。目前为止，Albert Heijn 只有一种 Calvé Regular 和 Chunky Nut 的自有品牌替代品。基于品类管理者的分析，这位管理者也许会决定 Light 和 Creamy 花生酱不能够有自有品牌等替代物，因为消费者的年消费量过小，不能够再创另一种自有品牌等价物。观察到市场的消费者趋势，他也许会发现一些应对这一趋势的机会，例如健康饮食、嗜好（indulgence）以及有机食品。另外他也许会思考，已经处于休眠期的品牌，升降平台如何才能够发生变化，通过支持 Alber Heijn 自有品牌的新产品增加品类的获益率。因此自有品牌花生酱的供应商必须分享他们对新产品的创新。作为产品的专家，他们可以对品类管理者所意识到的机会做出改变。在这种合作之下，他们决定发布不少于五种新产品：有机（Organic）、低钠（Sodium reduced）、蜂蜜松脆坚果、蜂蜜松脆腰果、蜂蜜松脆榛果。

通过从包装上移除阿斯达公司标识，阿斯达将其 Extra Special 高档自有品牌变为合资品牌

乐购合资品牌于 2011 年推出，但是由于缺少市场营销支持，很难同国家品牌竞争

但是乐购的合资品牌策略并没有完全取得成功，2011年乐购推出了 New York Soup 品牌，冷藏食品领域的一个合资品牌。2012年，乐购完全从市场上撤回了 New Covent Garden Co 品牌，支持 New York Soup 品牌的发展。然而2013年6月，New York Soup 品牌消失，New Covent Garden Co 品牌又重新回到了冷藏食品领域。一些观察人士认为，一个新品牌永远不可能替代一个老牌品牌，New Covent Garden Co 这个品牌在1987年就已经开始推行。但是品牌专家们声称，乐购的合资品牌只是没有任何附加价值的品牌产品，并没有以真正的国家品牌的方式进行营销。

Chocablok 冰淇淋在英国的动物园、主题公园以及水上乐园以及中欧的乐购商店内出售，使其成为在乐购商店外出售的一个合资品牌。然而2014年，乐购将此冰淇淋系列退出市场。此领域的分析人士认为，面临品类内激烈的竞争，像 Chocablok、Halo 这样的合资品牌不得不退出市场。

在过去的几年中，阿斯达将其 Asda Extra Special 产品系列重新命名为 Extra Special。这些产品的包装不含商店名称，从而变成合资品牌，使得产品能够在阿斯达商店之外进行营销。其中的例子为 Extra Special Golden Ale，由 Shepherd Neame 品牌酿造的啤酒，这种啤酒在日本的一家零售商 Seiyu 链内受到购物者的喜爱，成为一时的潮流。Seiyu 这个自有品牌同阿斯达一样，为沃尔玛所有。这种啤酒在日本的销量，如今要高于在英国的销量。阿斯达为日本沃尔玛和中国沃尔玛提供了五十多种产品，使得生产商们有机会接触新兴市场，与此同时也能够向英国供货。家乐福也推出了一些成功的合资品牌，比如个人护理以及美容产品线 Les Cosmétique Design Paris 和意大利食品链 Terre d'Italia，甚至还在米兰开设自有品牌旗下商店，独家销售 Terre d'Italia 产品。

Extra Special 如今在日本的销量高于在英国的销量

出口自有品牌

一家零售商的自有品牌产品，可以同时被国外的零售商出售。在其他国家进行独家分销的特殊产品，可以采取自有品牌的形式，除了在包装上不含分销超市的商店旗帜品牌。采用这种做法的案例有很多。

例如，Waitrose 的自有品牌 Heston Christmas 布丁以及 Puff Pasty Pine-scented Mince Pies 在澳大利亚零售商 Coles 出售。

Waitrose Duchy Original 产品也在澳大利亚的专门食品商店和丹麦零售商 Irma 出售。比利时的零售商 Delhaize 使用意大利零售商的自有品牌 Esselunga 上市一系列意大利面产品。Edeka 将其 Booster Energy（能量补充）饮料，出口给采购联盟 Agenor 中的合作伙伴，西班牙零售商埃洛斯基（Eroski）。美国超市 Kroger 将部分自有品牌也出售给沙特阿拉伯的领先零售商 Panda Market。比利时的零售商协调了其自有品牌产品组合，在一个新品牌 Boni 品牌下重新推出五十种不同的自有品牌。Boni 品牌不仅可以在 Colruyt 商店销售，还能在比利时的其他店内销售，也能出口到其他国家。Colruyt 产品出口经理承认，Boni 和另一种 Colruyt 品牌 Econom 不仅出口到南美以及非洲大陆的七十个不同的国家，还出口到俄罗斯、中国香港和新加坡。

Edeka 将其 Booster Energy 饮料出口给采购联盟 Agenor 中的合作伙伴，西班牙零售商埃洛斯基（Eroski）

·新产品研发

创新已不再是品牌制造商的独有领域。在欧洲，零售商同他们的自有品牌供应商密切合作，除了跟随成功的国家品牌，他们也采取策略主动创新。规模更大、更为专业的制造商认为，通过他们自己进行新产品的研发和供应商的创新，推动市场向前发展，是他们的任务。尤其是在市场的高端领域，许多产品得以推出，自此之后便不再是一种品牌下的独有产品。2014年，欧洲各地的自有品牌新产品发布量占所有发布量的32%，是2007年的两倍，2007年零售商品牌仅占所有新发布产品的17%。英国是这种趋势的最极端代表，自有品牌产品占所有引进的新产品的一半多。

快速进入市场

零售商之间在整个供应链中都保持着紧密的关系，所以能够将新产品推广到市场的时间降到最短。有效的新产品研发过程，能够将零售商品牌产品推往市场，这已成为零售商的一个重要关注点。为了减少将产品推广到市场所用的时间，并管理自有品牌产品的生命周期，他们设计出网络工具，使得零售商能够同供应商和其他生意合作伙伴进行合作。设计这些网络工具，旨在提高市场创新的速度，并管理网上零售商品牌商品的具体规格。网上工作流管理以及电子报批能够让所有有关方以透明的方式加速进程。艺术设计完成之后，根据包装材料的不同，就可以在六到十二周之内引进新产品。

零售商可以通过内部收集的信息，例如销售点扫描数据、客户的会员卡信息以及购物者专家小组进一步了解市场，这使得他们处于一个十分有利的地位，能够识别消费者的喜好趋势，并利用这些信息研发新的产品。由于他们能够快速进行决断，花费成本较低，零售商能够将自己的商店用作实验室，进行产品测试。以自有品牌推出的新产品若在店中表现不佳，可以在不损害商店旗帜品牌的情况下，静静地退出市场。零售商不需要花费很大功夫，就可以相对容易地扩展他们的产品组合，也因此抓住市场机会，这同品牌制造商的创新模式极为不同。

廉价和高档品牌的增加

基于不同的价格和主题，零售商将市场分割开来。除此之外，合资品牌也进一步增加了零售商品牌的产品。因为有这样丰富的选择，通过主动的品类管理，制造商品牌的数量减少。第87页列举了巧克力棒产品品类，在这个品类中，乐购推出了多个自有品牌。

在过去的五年中，由于经济下行，折扣店取得成功，在"良好—更好—最好"架构中，价值质量尤其受到零售商的关注。许多零售商重新设计了他们价值品牌的包装，扩展了产品范围。有趣的是高档自有品牌产品也同样如此。例如在英国，高档自主品牌产品在经济下滑的同时，甚至还有所增长，2014 年增长量甚至达到了 5.2%，是当时总销量增长速度的近四倍。

有人认为经济下滑时，消费者外出就餐次数减少，他们会选择在超市中花更多的钱，在家里享用高质量的食物。

Tesco Restaurant Collection 薯片表现令人大失所望，上市后不久便退出市场

· 维持包装设计

零售商通常十分积极地维持他们的自有品牌产品线。基于品类分析或者市场趋势，零售商增添或者终止产品。此外，他们也时刻关注产品的包装设计，并根据市场的变化进行调整。例如，四年之内，乐购为其价值品牌设计了三种不同的包装，这很有可能是因为英国强大的折扣店激励乐购和其他零售商，对其廉价产品组合全部进行重新设计。

乐购在巧克力品类的自有品牌架构（从左至右，从上至下）

1. 乐购黑巧克力 不添加糖分 2.5英镑/100g 可可固体含量56%

2. 合资品牌 Chokablok Rocky Road of Love 巧克力棒 1.75英镑/100g 可可固体含量30%—70%

3. 高档自有品牌（最佳）Tesco Finest 多米尼加共和国黑巧克力 1.5英镑/100g 可可固体含量85%

4. 标准自有品牌（更好）乐购多米尼加共和国牛奶巧克力 1英镑/100g 可可固体含量32%

5. 乐购含橘牛奶巧克力 0.50英镑/100g 可可固体含量27%

6. 廉价自有品牌（良好）乐购 Everyday Vlue 牛奶巧克力 0.30英镑/100g 可可固体含量28%

自有品牌架构，使得乐购能够在"良好—更好—最好"的架构以及其他部分提供多种产品。乐购通过独特的包装设计和特别说明，提供了各个产品的信息

通常，要完全取代几千库存单位的自有品牌产品，花费的时间不会超过十八个月。Albert Heijn 在四年内两次重新推出其廉价品牌。许多零售商试图通过重新进行包装设计，增加视觉吸引力，而使其核心标准产品线复活。自有品牌能够十分有效地模仿国家品牌，尤其是在市场营销和创新方面。Waitrose LOVE Life 产品线使得营养食物看起来美味可口。

自有品牌的包装，需要让产品在货架上十分显眼，在设计方面也需要有不同的阶层区分，避免购物者产生错误认知。考虑到这些因素，自有品牌包装设计应该在展示其功能的同时具有吸引力，但是吸引力不可过大，否则购物者会选择更加便宜的阶层。自有品牌副品牌，例如高档和主题产品线的扩展，也需要仔细考虑标准自有品牌产品的生存能力。在一种品类内，提供给消费者过多不同的包装设计，会让他们感到混乱，而促使他们选择更加容易识别的国家品牌产品。

Waitrose LOVE Life 包装设计旨在增加产品的视觉吸引力

2011 年，我们比较了一些大型零售商的自有品牌产品。2011 年，在英国和法国的商店调查中，我们发现零售商在重新设计自有品牌产品包装方面十分活跃。与四年之前的零售商产品相比，我们的调查显示，许多副产品进行了重新设计或者完全退出了市场。在前四大零售商乐购、森斯伯瑞、阿斯达和莫里森超市的三十三种产品线中，相比于 2006 年，有 37% 进行了重新设计，24% 退出了市场，仅有 39% 在 2011 年维持相同的包装。在法国也同样如此，零售商不断改进他们的设计，让包装在品类中更加具有吸引力，也更为一致。

照顾廉价自有品牌的商店旗舰品牌？

一些调查鼓励零售商为那些不直接指出商店名称的价值阶梯（value tier）产品创造独立的自由品牌副品牌，以把他们同其他自由品牌区分开。尽管这是零售商多年以来一直采取的策略，但是仅有个别的零售商为了价值阶梯，继续同高档品牌合作。这样的例子有德国的零售商 Real 与意大利的 Coop Italy，前者使用非常基本的包装设计，产品价格低廉。2012 年，Albert Heijn 和 ICA 两家超市分别用 AH Basic 和 ICA Basic 取代了十分常见的品牌 Euroshopper。在同一年，德国的 Edeka 超市将其品牌名称添加到了现有价值品牌上，大多数欧洲的其他零售商如今的价值自有品牌，清晰地指出了他们的品牌名称。

· 货架定位（shelf positioning）

一项调查采用了英国超市阿斯达和森斯伯瑞的数据，测试了价值（良好）以及高档（最佳）自有品牌的引进如何影响顾客对自由品牌和国家品牌的选择。两家超市都在谷物早餐以及罐装汤品类中引进价值自有品牌以及高档自有品牌。而这两个超市在这些产品品类中，已经拥有了标准（更好）自有品牌。调查结果发现，价值自有品牌蚕食标准自有品牌的市场份额，而高档自有品牌蚕食价值和标准自有品牌的份额。

乐购 Finest 的重新发布

2013 年，乐购重新推出了 Tesco Finest，引进了四百种新产品，去除了两百种产品。产品营销主要关注产品的来源，包括位于意大利都灵的生产棒型面包的家庭烘焙坊，位于英国林肯郡的拥有 100 年历史的熏肉房（由 Tummey 家族经营，用于熏鱼），以及位于威尔士安格西（Anglesey）的分销乐购海盐的家族企业。此次重新发布是乐购 1998 年引进此品牌以来最大的投资。根据凯度集团（Kantar Worldpanel）的调查，乐购 Tesco Finest 产品系列，如今的年销量价值十四亿英镑，并且是增长最快的高档品牌，在英国每周的消费量达到一千二百万件。

除了廉价品牌 Tip（1000 SKU），德国零售商 Real 还有 50 SKU 价格、质量更低的系列。Ohne Schnickschnack 去除了所有装饰，看起来是十分简单的基本产品

考虑到这些结果，零售商可以采取不同的措施，减少引进自有品牌过程中的蚕食现象。零售商也应该认真考虑将自有品牌产品放在同一货架上的不同区域，或者放在不同的货架上。这使得消费者不能够在三种自有品牌阶梯中进行直接对比。大多数情况下，这就意味着价值自有品牌放在货架底层的不同区域，所占排面数较少，原因是零售商在这些产品上的利润较低，所以它们同消费者接触的空间较少。标准自有品牌是国家品牌的等价物，通常占据最佳货架位置，它们的排面数超过平均值，也放置在与视线平行的货架位置，同消费者接触面更多。此类

091

产品的国家品牌，通常直接放置在标准自有产品之下，使得消费者更容易直接将其与标准自有品牌进行价格对比，从而估测出所能节省的开支。高端自有品牌通常放置在货架顶端，为了获得价格更高、更奢侈、独特的产品，消费者需要花费一些力气。

根据此项调查，只关注了自有品牌的市场份额，而消费者在为自有品牌实施三级策略时，很显然，关注的不仅是其市场份额，还有不同的策略目标。例如价值自有品牌，也许能够有效地对抗强大的折扣商，如 Aldi 和 Lidl，而有了高档自有品牌，零售商也许能够提高总利润，从而提高整个品类的获益率，因此，尽管会出现一些蚕食现象，零售商也有足够的理由实施三级策略。

第五章
保卫国家品牌

总结

　　在过去的几十年中，国家品牌失去了极大的市场份额。许多二、三线品牌由于自有品牌的引进失去了其相关性，退出了市场。本章将讨论国家品牌的管理意义，提出防卫策略。积极的市场营销，通过广告引进新产品，可以降低消费者永远转向自有品牌的风险。

·品牌制造商应对自有品牌的策略

随着自有品牌市场份额的逐渐增长，有人担忧国家品牌最终会可有可无。然而，前几章的讨论表明自有品牌起到的是补充作用，因为国家品牌支持零售商们利益最大化，允许消费者进行选择。

在一个以前不存在自有品牌的品类引进自有品牌会对二、三线国家品牌造成致命的影响。这些品牌可能会损失市场份额，因为当一个自有品牌进入某个品类后，较弱的国家品牌通常会降低价格或者增加促销活动。较弱的国家品牌与自有品牌之间的价格竞争给较强的国家品牌提供一个机会显示自己，因为这些品牌产品质量上乘，价格也昂贵。

品牌制造商可采用各式各样的策略应对自有品牌的威胁。

保持领先

成为这个品类顶尖的制造商品牌，并保持领先地位，这是应对自有品牌威胁的最佳反击。在自有品牌市场份额增加的品类，若自有品牌份额增加，一线品牌受到的冲击最小，品牌表现通常也优于二线、三线品牌。一线品牌在此品类享有市场份额优势，可为其提供更好的市场营销与创新支持，并因此超越本品类的二线、三线品牌。旨在为自有品牌增加货架空间的零售商，也不会将此品类的一线品牌移出货架，而是选择已经边缘化的二线或三线品牌。这也会进一步限制那些对品牌忠诚的购物者的选择范围，这些消费者拒绝购买自有品牌，也因此加强了一线品牌的市场份额。

品牌沟通特性

自有品牌限制了吸引新消费者进入这个品类的能力。调查显示，相比于全球品牌，购物者如果不用自有品牌产品，则对自有品牌的关注度不高。除他们已经使用的品类外，他们几乎不知道任何其他自有品牌。进入此品类的决定是通过品牌或者品类舰长做出的。购物者的最终选择及购买行为于货架前做出，基于忠诚度或价值等价。

鉴于此，品牌定位变得至关重要。能与消费者成功地在情感上进行交流的国家品牌，在对抗自有品牌的战斗中会更加强大。因此，品牌需要打造有力的品牌意识，关注那些无法轻易被零售商模仿的品牌特性，例如专营权、安全、社会事业、创新及耐用性。大量推出新产品，外观上有所变化，加上原创声明，包装升级，这些接连不断的创新使得自有品牌更难进行模仿。

国家品牌管理人应该改变消费者的一个观念，即自有品牌是由国家品牌制造商生产的。另外，市场营销策略应该去影响一种信念，即生产一件产品并不容易，也应该强调产品开发会大大影响高质量产品的制造。曾有一段时间，位于欧洲的宝洁公司在一些产品的包装上提到"宝洁公司并不生产自有品牌"，家乐氏公司（Kellogg's）也在一则广告中声称"我们不会为任何人生产 Corn Flakes（玉米片）"。

对于国家品牌生产商来说，知道消费者拒绝自有品牌的原因十分重要，这可以帮助营销者更加注重自有品牌与国家品牌之间的相对价值，从而更加有效地进行竞争。消费者拒绝自有品牌，大部分是因为他们认为自有品牌产品质量低（品质认知低），这就暗示了国家品牌制造商需要时刻关注自有品牌的产品质量，同时要保证自己产品的质量。除了客观上的产品质量，品质认知也会增加。更多地购买零售商品牌的消费者发现，自有品牌质量可与国家品牌媲美。

渐进型产品创新

对制造商来说，增加自己品牌产品与自有品牌产品之间的品质认知差距很重要。为了保持自己的竞争优势，国家品牌必须在创新方面进行投资，并在公司最强品牌下发布这些创新产品。在对抗自有品牌的斗争中，通过定期引进创新产品这种策略要比广告更加有效。要保持不间断的渐进型创新，例如包装升级或更加便于使用，或者介于两者之间的小型新型创新产品线。这样一来，零售商们会时刻向前看，也因此被认为时刻跟在国家品牌身后。过去的研究显示这种策略会取得成功，调查显示，相比于需要高度创新的产品品类，自有品牌更容易在低创新型品类取得成功。

新产品的引进

自有品牌在质量上已经可以与国家品牌相提并论，消费者们也将自有品牌视为另一种品牌。标准的自有品牌表现愈加领先国家品牌，因为他们新的产品线更有可能从国家品牌或者其他竞争自有品牌那里抄袭而来，所以国家品牌必须重新考虑他们如何才能创新，并保持自己相对于自有品牌的竞争优势。通过创新、不断引进新产品保持产品差异化是保持市场份额的方法之一。

领先的国家品牌以及标准上乘的自有品牌引进的产品，相对于国家品牌模仿者或廉价品牌，似乎更有可能增加产品销量。耐用、新颖、有益的新产品是最有效的产品，在对抗自有品牌而非国家品牌时更是如此。然而，国家品牌在牺牲同为国家品牌对手的过程中，要比自有品牌受益更多，而且在牺牲三个等级的自有品牌的情况下，只有领先的国家品牌才更有可能发展壮大。

产品质量与包装改进

在自有品牌已经成熟的市场中，消费者购买国家品牌的意愿更低。他们相信自有品牌的承诺，并为买到的产品拥有高价值感到欣喜。在这种市场中，国家品牌应该不断地提升产品质量。消费者在购买国家品牌时比购买自有品牌多支付的费用必须物有所值。在价格上过度促销作用不大，反而会降低购物者为国家品牌支付额外费用的意愿，事实上，这样做也会缩减品质认知差距。另外，产品改进、广告宣传，以及更为重要的一点——产品包装，都会增加购物者为国家品牌支付额外费用的意愿。由于独特包装影响巨大，国家品牌制造商应该对那些仿造自己包装设计的零售商品牌采取强硬态度，所以某种产品产生额外费用的原因也应当和购物者进行沟通。

沟通

为了展现自己的创新成果，品牌制造商们将重点放在个人产品的营销活动中，这与一个零售商推销自有品牌的方式有很大的不同。后者会打造零售店名声，也几乎不会推销任何自有品牌产品。因此，不断进行产品创新、包装创新的品牌制造商可以不断地与购物者进行沟通。这不仅拉大了国家品牌与自有品牌间的品质认知差距，也拉大了国家品牌与此品类内较弱品牌之间的差距，因为他们的创新能力不足，或者缺少手段在沟通方面进行大力投资。一些品类需要源源不断地创新，例如衣服清洁剂（即用水更少，低温清洗以节约能源，更小巧，高度浓缩，洗衣皂，洗衣液）和洗碗机（更多内置功能，水溶性薄膜，定时启动，高效，粉液混合使用）。在这些品类不断推出新产品，能为自有品牌模仿不断树立目标。

有限生命周期的产品

零售商为了他们的自有品牌，更倾向于复制成功的品牌。一旦一款新产品在发行后取得成功，这款产品就有可能被同类型的自有品牌效仿，而事实上，零售商们也会力图尽快地完成模仿过程。为了降低这种风险，在一些情况下，品牌制造商会故意发行生命周期很短的产品。这样，尽管不能阻止同等自有品牌的模仿行为，也会让这种模仿更加困难。这种策略的例子如下：桂格麦片（Quaker Oats）脆坚果（百事公司），为其 Cruesli 品牌推出冬夏季特别款型；荷兰特色风味茶 Pickwick 茶推出不同主题或不同季节的茶，有两种在荷兰出售。在英国，Quaker Oats So Simple 燕麦饼干（百事公司）为快速粥系列增加了限量版冬季布丁口味。

品类碎片化

各种各样的国家品牌力图在货架上提供一种产品品类的一系列产品，他们将此品类分割成几款产品，每一款产品的消费者数量较少。所有产品消费者数量总和巨大，具有吸引力，这种影响是双倍的。首先，此种品牌产品种类多，货架曝光率会增加。货架上若只有两款产品，购物者也许会忽视他们，但是十种不同的产品会令人印象深刻。其次，零售商在创造自有品牌时，通常会选择拥有足够销售规模的产品。由于碎片化，每款产品的消费者数量较少，零售商模仿的自有品牌的吸引力也会降低。采用这种策略的例子包括：英国的 12 种不同香味的仙女洗涤液（Fairy washing-up liquid）（宝洁），荷兰的 20 种不同的 Knorr 干拌酱（联合利华）和 16 种 Grand Italia 意面酱，比利时的跨国零售集团德尔海兹（Delhaize）超过 24 种的立顿茶。

底端市场品牌

国家品牌应该进行用大量广告宣传新产品的市场营销。而衰退市场中的一些品牌经营者所采用的策略与这些建议相反，他们在主要品牌之外，还推出低价竞争品牌。一般来说，公司推出竞争品牌，是为了与那些偷走主要品牌市场份额的零售商品牌进行竞争。然而，这种行为并不是没有风险的。竞争品牌不但不能赢回那些已经转向自有品牌的客户，反而会侵蚀主要品牌。而且已有品牌的投资资源被夺走，而去冒险开发新的品牌。现在，本可以投资于主要品牌的管理及资金资源也许就浪费在了竞争品牌上。大多数竞争品牌使局势雪上加霜，让推出这些品牌的公司更加分心。

例如，20 世纪 80 年代，宝洁公司出售了领先的尿布品牌帮宝适（Pampers），以及排名第三的品牌乐芙适（Luvs）。随着自有品牌在尿布品类的市场份额继续增长，宝洁在 1993 年调整了品牌组合，乐芙适被重新定位成竞争品牌，价格下调 16%。产品研发、产品创新、包装以及电视广告成本也都相应有所下调。乐芙适品牌没有按照宝洁公司的预期偷走自有品牌的市场份额，只是吞噬了姐妹品牌 Pampers 的部分份额。此外，尽管宝洁公司撤销了乐芙适的竞争品牌策略，帮宝适还是失去了大量的市场份额，输给了品牌竞争者 Huggies。只有当宝洁公司将更多的管理、资金资源集中于市场营销以及加强 Pampers 的特色上时，两个品牌才开始在产品组合内拥有了各自同样成功的地位。

在最近的经济衰退早期，Danone 和联合利华等许多公司都处境维艰。在欧洲，联合利华表示公司在抹酱、调料、咸辣产品以及护发类产品上的市场份额输给了自有品牌。

与此相似，消费者为了省钱，而转向更便宜的超市自有品牌产品，Danone 销量也有所下降。因此，Danone 决定再次考虑其策略。2009 年 2 月，Danone 宣布公司将精力集中于其火爆品牌，也由此限制了新产品的推行。另外，公司撤回了其 Essensis 亮肤酸奶。在经济困难时期，消费者更不愿意把钱花在非必需的食品上。

有了 20 世纪 80 年代的经验，宝洁公司决定重新实施低价型号策略。2009 年，以提供高于平均价格的高质量产品著称的宝洁公司，在美国和欧洲分别退出了 Pampers Simply Dry。一款基本产品在多个欧洲国家（法国和瑞士）上市，与已有产品线共同出售，新款产品包装盒为亮橘色，以区别传统的绿色。Pampers Simply Dry 价格比标准产品低 20%，比法国同等自有品牌高 14%。据称，产品有独特的吸收品质，但是舒适感更低。产品推出一年后，在一些国家的所有 Pampers 销量中占据 10%的份额。Pampers Simply Dry 的价格与零售商 Migros、Coop 自有品牌下的同类产品几乎持平。

有了 Pampers Simply Dry 的经验后，宝洁公司决定也对其他产品采用这种策略。2010 年底，瑞士市场上引进了 Duracell Simply 电池和 Always Simply 卫生浴巾。

进入折扣店（Discounter）

折扣连锁店的日益成功，不仅给国家品牌制造商带来了忧虑，也给传统零售商增加了压力，促使他们提高经营效率。因此这些零售商对那些恶化品牌制造商经营环境的供应商要求更多。他们越来越担心退市问题，在货架上推出新产品也面临诸多困难。折扣店的市场份额一直增长，品牌制造商们也愈加认为，不可忽视这些折扣店的存在。许多领先品牌现在为 Lidl 和 Aldi 提供他们的产品，但是产品的包装、大小都有所不同，这也使得直接进行比较愈加困难。通过进入折扣店，国家品牌旨在降低购物者转向自有品牌的风险。

研究显示，在折扣店，大约有 25% 的国家品牌被售出，这对制造商以及折扣商来说是成功的。如果国家品牌与某个特定零售商处的品牌进行竞争，以增加其份额，上述情况会十分令人心动。另外，折扣商在那个品类内的份额的增长率应该高于折扣的平均水平。然而，折扣店产品与品牌产品间的价格差距也至关重要，它清晰地表明国家品牌与折扣产品不是替代品，而是针对不同消费者群体或者购买情况的品牌。另外，品牌制造商应该为创造迷人、设计精美的外表而投资，因为折扣商很少会这样做。

少而精的独家分销

像乐事（Lays）和沃尔克斯（Walkers）（均为百事公司）之类的品牌对一些产品采用独家分销策略。在荷兰市场，乐事的两种 Oven Baked 的薯片（奶油洋葱味和烧烤味）只在 Albert Heijn 出售。在英国，乐事也采用了相同的策略，只有乐购超市出售沃尔克斯的两种薯片。联合利华把其含有 Blue Band 人造黄油的白面包切片提供给荷兰的 Albert Heijn。

一些制造商只把他们的产品提供给个别零售商。在荷兰市场，亨氏将其亨氏新鲜番茄酱和 Roosvicee 温和水果混合酸奶出售给 Albert Heijn，只把 Brinta 面包提供给采购联合会 Superunie。与此相似，百事公司将其开胃小吃只出售给 Albert Heijn，澳大利亚品牌强维士（John West）也将其清蒸鱼提供给 Albert Heijn。然而最热衷于此策略的还是联合利华，除了 Albert Heijn 的 Blue Band 面包，联合利华独家提供的产品还包括 Sun 洗涤液、Lätta 人造黄油、Becel 面包。有的产品独家销售时长有限，有的则永久销售。

品牌之间的集体行动

2009 年以来，法国的多个品牌共同经营一个集体网站，以提高国家品牌的利益。如今，法国有十二个品牌在 Prodimarques 联合起来，传达他们的共同价值：创新、乐趣、质量、职业精神、可持续性和信任。连续七年来，他们不断在电视以及网站 www.lesmarquessengagent.com 上向消费者保证对品牌的忠诚。这些品牌成功地保证了积极的公众形象，甚至还增加了品牌的市场份额，降低了自有品牌的市场份额。奥地利也发起了一个相似的集体广告活动，以"此品牌保证与众不同"（Die Marke garantiert den Unterschied）为口号的活动，强调自有品牌和国家品牌之间有许多不同，而不仅仅是包装上面的不同。

生产自有品牌

多年以来，大型品牌制造商拒绝生产自有品牌，这种现象在 2012 年发生了变化，当年康尼格拉公司（ConAgra，$135 亿美元）合并了美国最大的自有品牌制造商拉尔科瑞（Ralcorp，45 亿美元）。在解释并购背后的原因时，康尼格拉公司表示："经济衰退以来，消费者行为从根本上发生了变化，自有品牌如今的增长快过了国家品牌产品，我们也想要获得这种增长。"

随着自有品牌市场份额继续以国家品牌销量为代价继续增长，我们可以预测到，将会有更多的全球国家品牌制造商考虑生产自有品牌，我们也必须指明，自由品牌供应商的经营模式同国家品牌供应商有着根本不同。

授权

为了市场份额不输给自有品牌，通过授权打造自己的品牌也是许多国家品牌公司的策略之一。这种策略在美国更为常见，欧洲也有所应用。一些公司同那些可以提高他们产品吸引力的品牌进行合作，例如面向儿童的美国罐头汤生产商金宝汤（Campbell's soup）和美国谷类早餐制造商家乐氏公司（Kellogg's）。

随着消费者外出就餐花费更少，餐馆也同意对他们的品牌进行授权，以获得一部分品牌价值，而不考虑食品被消费的地方。这样的例子有，美国星期五餐厅（T.G.I. Friday's）和墨西哥式全球餐饮连锁塔可钟（Taco Bell），他们将产品通过零售商送往市场。在英国，观看 3D 电影的观众人数不断增长，而各个品牌也利用了这次机会。全球领先食品生产商 Intersnack 为波姆熊品牌推出了一支波姆熊 3D 广告，这只熊出现在梦工厂电影《怪物史莱克》（*Shrek Forever*）中，在迪士尼/皮克斯电影《玩具总动员三》（*Toy Story 3*）放映之时，Intersnack 又再次采用了这则广告。与此相同的是 Clipper Tea 推出了与迪士尼电影《爱丽丝梦游仙境》有关的广告。在英国，许多食品和饮料品牌由于不再能够在电视上针对儿童进行广告促销，因此也主动向好莱坞寻求其他机会。在与电影有关的特许产品和礼物，以及与《欲望都市 2》有关的 Müller 低脂酸奶、与《阿凡达》有关的早餐麦片上，进行外包装促销（on-park promotion）。

品牌扩张和品牌联合

国家品牌制造商也采用品牌扩张的策略，例如在沙拉中加入新奇士（Sunkist）杏仁，在牛排酱中加入 Jack Daniels 威士忌，在葡萄干面包中加入阳光少女（Sun Maid）葡萄干。

在品牌联合方面，零售商为了自己的自有品牌，也采取措施同品牌制造商进行合作，例如美国批发商好市多（Costco）在由国家品牌代言的柯克兰（Kirkland Signature）品牌下，拥有少数自有品牌产品。柯克兰的高档 Raisin Bran 品牌是与品牌谷物制造商宝氏（Post）共同所有。直到 2010 年，瑞士零售商 COOP 在其自有品牌 Naturaplan（有机）和 Oecoplan（环保）系列下有少数上市产品。联合利华的 Knorr 速食土豆泥和 Balisto（玛氏 Mars）五谷麦条是与 COOP 的 Naturaplan 共同所有，而 Skip Sunlight 洗衣粉和洗衣液（联合利华）是与 COOP Oecoplan 共同所有。这些产品在货架上已经有十年的时间，此后产品退出市场，因为品牌联合策略不再适用于 COOP。然而在 2013 年，一系列经典的国家品牌又重新在其有机自有品牌系列 Naturaplan 下重新推出，目的是庆祝瑞士首个有机自有品牌系列诞生二十周年。此双重所有的品牌有机产品线中的产品包括 Knorr Stocki、Zweifel Nature 薯片，以及来自瑞士的牛奶品牌艾美（Emmi）的 Gala 奶油芝士。

在荷兰，Albert Heijn 在 AH 自有品牌（与 Tivall 品牌共有的品牌）下拥有大量的肉类替代产品。其他例子包括：同 Marmite 共有的玛莎百货（Marks & Spencer）三明治，同 Courvoisier 共有的 Tesco Christmas 白兰地酱汁。波兰的奶类品牌 Mlekovita 同波兰折扣店 Biedronka 联合提供合作品牌下的低脂松软干酪，以便为零售商打造品牌卖点（USP）。

像玛氏公司、联合利华和 Zweifel 的品牌制造商，将知名品牌名称借给 COOP 瑞士的自有品牌

经济衰退时管理品牌

人们普遍认为，当经济衰退时，一个国家的自有品牌市场份额会增加；当经济回暖时，自有品牌市场份额会萎缩。调查研究已经证实了这种观点。此结论来自比利时、英国、美国和西德在二三十年间，自有品牌的价值份额。然而消费者不仅在经济下滑时更有可能购买自有产品，在经济回暖之后，一些消费者还有可能继续购买自有产品。为了防止消费者永久地转向自有品牌，品牌制造商通常在需求不振的情况下降低成本，例

如减少创新活动，降低广告预算。然而，从长远来看，这并不是明智之举。为了防止经济衰退之后消费者永久转向自由品牌，品牌制造商应该主动地进行市场营销，甚至通过大量的广告来引进新产品，这可以减少经济衰退给制造商品牌带来的不利影响。

英国品牌扩张的例子：亨氏番茄酱猪肉腊肠卷和 Cathedral City（有名的芝士品牌）迷你小饼干

　　欧洲的零售商也增加了对自有品牌的促销活动，因而零售商鼓励消费者在家庭预算降低之时购买其认为更为便宜的自有品牌产品，国家品牌面临着巨大的挑战。消费者在经济衰退之时购买过自有品牌之后，也许会提升他们的品质认知。与此相似，当顾客开始光顾那些没有任何装饰的折扣店时，他们也许会将这些商店列入经常光顾的商店列表。

经济衰退也许会影响到品类内产品组合中有关自有品牌的决定。例如，经济衰退之时，消费者外出就餐次数减少，这反而会使他们在超市食品类产品方面的花费增加。对于零售商来说，了解哪些品类需要加强推销是经济衰退期的一个重点。这种品类是否会随着经济变化而变化？同种品类能否被用作指南针？经济衰退之时，找出自有品牌和国家品牌之间正确的混合比，以满足经济衰退之下敏感的顾客的需求是零售商面临的一大挑战。

经济衰退下的促销活动

在经济下行（收缩）时，自有品牌市场份额增长，这种增长的一部分，可以是永久性的。如果在经济收缩时，零售商对他们的品牌进行促销支持，而在经济扩展时，降低这种产品的促销活动，那么这种周期性会更加明显。另外，如果国家品牌在引进新产品、做广告以及促销方面，按照这种周期性来做出相应反应，那么他们可以捉进自有品牌的增长，并创造出永久的市场份额收益。因此，国家品牌和自有品牌的经营模式也会影响到自有品牌市场份额，以及自有品牌的长期增长。

因此，国家品牌应该努力维持他们当前的开支，甚至在经济下行时，能够在增加广告支出的情况下增加开支。在经济运行良好时，消费者购买自有品牌的意愿更低，也不会去考虑价格因素。尽管广告在与其他的国家品牌竞争时十分有用，但是在对抗自有品牌时，相对来说作用较小。通过采取正确的措施，品牌管理者可以避免增加他们的竞争者。

法国和英国的品牌制造商的表现同此结论一致。2010—2013 年经济衰退期间，为了市场份额不输给自有品牌，两个国家的品牌制造商大力支持他们的品牌，而自有品牌在这两个国家的市场份额有所下降（在法国由 36% 降至 35.1%；在英国从 46.7% 降至 45.2%），这令人十分惊讶，因为当时欧洲的整个趋势是二十个国家的自有品牌市场份额都有所增加。

第六章
消费者视角

总结

消费者对于自有品牌的选择，同他们对风险的认知紧密联系在一起。在消费者对于自有品牌产品质量的认知中，感官因素以及其他与产品相关的因素也起着作用。尽管消费者对于质量方面的态度比较积极，在一些品类中，购物者仍然在某种程度上不愿意购买自有品牌产品。

· 自有品牌质量评估

消费者会通过一系列线索来评估他们对产品质量的认知。这些线索可以分为产品的内部和外部线索。外部线索与产品相关，并非实体产品固有的属性，外部线索包括图片、价格、品牌名称、广告以及包装。内部线索代表的是产品本身固有的属性，例如材料、味道、颜色和口感等，这些属性，在不改变产品物理性质的情况下无法做出改变。

自有品牌发展早期，人们认为自有品牌杂货产品的质量劣于国家品牌，然而刊登在杂志（荷兰的 *Consumentenbond Gids*，德国的 *Stiftung Warentest* 和英国的 *Which*）上的研究结果以及无数消费者的实践证明，现在自有品牌的质量并不劣于国家品牌的质量。有足够的证据证明消费者对自有品牌和国家品牌的质量感知不相上下，有时对于自有品牌的质量感知，甚至还要优于国家品牌。

对于外部线索来说，情况有些不同。多年来自有品牌价格更低，包装也不够有吸引力，缺少辨识度，通常不在全国范围内进行广告促销。这影响到了自有品牌的形象，尽管自有品牌形象已经有了提升，更关注专业的包装、沟通产品质量，而不仅是低价格，但人们对自有品牌的外部线索仍是消极的。对一些购物者来说，自有品牌的形象仍然不如国家品牌，要改变这种现象还需要花费更长的时间。通常来说，消费者更有可能在自有品牌评估方面使用外部线索，并非内部线索，因为外部线索不需要消费者花费过多的功夫。在缺少实际体验、知识，或者当一些产品，例如酒、香水很难进行评估时，消费者通常通过外部线索进行评估。高涉入消费者更有可能关注内部线索，而低涉入消费者更有可能关注外部线索。

品质认知

大多数人对于自有品牌的品质认知十分积极。一项调查研究了全球的自有品牌，旨在理解消费者如何感知自有品牌的质量、价值、产品组合和包装。这项调查显示，将近四分之三的全球受访者认为，自有品牌质量随着时间的推移也有了提高。对 70% 的全球受访者来说，价格是推动他们购买自有品牌的主要因素，但质量也十分重要。三分之二的人认为自有品牌十分值得购买。消费者也许还会认为自有品牌的质量不如国家品牌，但客观来说，两者质量不相上下，自有品牌甚至还要高于国家品牌。

尽管品质认知差距在过去几年有所缩小，但这种差距仍然存在，并使得消费者愿意购买更为昂贵的国家品牌。通过缩小自有品牌与国家品牌之间的品质认知差距，零售商可以通过更高的要价，增加自有品牌的利润。

对于个人护理，或者包括情感、信任因素的产品品类，例如啤酒或婴儿食品，消费者更倾向于选择国家品牌，而非自有品牌。

影响品质认知

消费者做出选择时，其所了解的知识有限或者并不完整。尽管消费者经常去超市购物，但也会发生上述情况。在许多产品品类中，消费者必须在多个产品之中做出选择，其中的一些产品十分有名，消费者也购买过这些产品，但有些产品他们却并没有尝试过。为了能够评估他们从来没有试过的产品，消费者在决策过程中会使用不确定的属性（undetermined attributes），其中的一个假设就是，越贵的产品质量越好。

当消费者遇到同一品类的两种品牌产品且价格不同时，他们通常会认为越贵的产品价格一定越高，质量一定越好。正因为如此，当同一品类中有两款自有品牌产品时，消费者会认为，两者之间一定会有差别，也就是说，他们认为两者的质量有差别。零售商试图通过影响消费者对于产品质量的认知，来提升他们所拥有的自有品牌的地位。购物者大多数情况下通过外部因素，例如包装、价格和品牌名称来评估产品质量。当一家零售商同时拥有标准自有品牌和高档自有品牌时，消费者会期待高档品牌价格更高、质量更好，也就是说产品的目标定位十分成功。

调查显示，消费者会认为标准自有品牌的质量低于国家品牌，即使此标准自有品牌被定位为高档品牌也是如此。另外，如果同一品类中包含标准自有品牌，消费者对于高档自有品牌的品质认知会提高。此调查还得出结论，购物者对于标准自有品牌的品质认知并不会受到高档自有品牌存在的影响，这些调查结果显示引进标准自有品牌可以有效提高消费者对高档自有品牌的品质认知。

选择购买自有品牌背后的驱动因素

零售商在打造品牌资产时，初级价格阶段（price entry segment）的良好阶层（good-level）是一个更大的挑战。在这些品类中，消费者选择自有品牌，主要是基于价格因素而非与品牌表现或者情感因素相关的其他因素。鉴于此，零售营销人员应该在有形以及无形两个水平上确认自有品牌的价值承诺。森斯伯瑞在他们的良好产品范围内选择主动沟通。

森斯伯瑞以戏谑的方式解释，由于基本产品系列价格十分低廉，产品质量也有所不同

消费者选择自有品牌同他们的风险认知有紧密关系。因此，如果更好阶层（better-tier）的产品与国家品牌处在同一水平，并且不存在功能风险，零售营销人员应该劝说购物者尝试这一产品（降低实验风险），或者能够增加自有品牌的整体接受度（降低社会风险）。与以价格来区分的自有品牌相反，消费者在选择高档自有品牌产品（最佳阶层 best-tier）时，感知风险更高。正因如此，零售经理在开展营销策略时，应该把目标放在提高产品表现、产品创新、品牌价值沟通以及管理领先制造商品牌和自有品牌产品之间价格差距方面。

第七章
市场竞争

总结

　　由于自有品牌的竞争，消费者得以享受低廉的价格。然而，有人担忧零售商既是顾客又是品牌制造商的竞争者，从而获得不公平优势。供应商也许会严重依赖超市，将其作为接触消费者的渠道。由于信息不对称，新引进的成功产品被快速模仿，品牌制造商创新的意愿更低。

·不公平优势

制造商与分销商、自有品牌与国家品牌产品之间的力量平衡发生了变化，人们担忧这会引发限制竞争效应。自有品牌在价格竞争方面带来益处，这一点毋庸置疑。人们通常认为，自有品牌给消费者提供了一系列价格低于国家品牌的产品。除此之外，在一个产品品类内引进自有品牌，增加了领先国家品牌的竞争压力，从而降低了整个领域内国家品牌产品的价格。

然而有人声称，零售商作为顾客也作为竞争者，可能会从中获得不公平优势。一方面，由于超市控制着货架摆放、店内促销、品牌产品价格以及商店自有品牌，会影响竞争；另一方面，零售商不断与所有的主要供应商进行协商，对于他们的商业条款以及计划有详细的了解，从而引进一些新产品。

这场争论所关注的核心在于，是否自有品牌产品的引进和扩张所引发的竞争效应，应该受到反垄断干预。支持干预的一方认为，自有品牌的扩展所引发的中长期负面影响超过了短期益处。

这一观点同有些人对品牌竞争未来的预测一致，一些业内专家也相信，未来，在每一产品品类，超市在货架上只提供两种品牌：国家领先品牌以及商店自有品牌，没有其他品牌的容身之地。

·管理产品品类

得出上述预测的部分原因是零售商为了降低在商店内第二、第三品牌产品的数量，采取了一些常见的做法。欧盟委员会（EU Commission）的最终报告回顾了德国的零售商 Rewe 吞并奥地利 Julius Meinl 咖啡品牌的案例，报道称，自有品牌的存在威胁到了一些较弱的国家品牌，因为这些品牌并不是必有产品（must-carry products），很容易被自有品牌取代。所以，自有品牌的存在，使得这些品牌的制造商所遇到的危险甚至要高于那些必有品牌的制造商。欧盟委员会主要关注一些具体的例子，例如，奥地利零售商 Billa（德国 Rewe 的一部分）在各个品类内，有选择性地将二线品牌或者较弱的制造商品牌（不仅仅是国际品牌产品制造商，也包括奥地利制造商的产品）退出市场，并用自有品牌替代这些品牌。尽管通常情况下，必有产品不会退出市场，因为必有产品在货架上十分显眼，需要继续存在，但是这些产品的市场份额要降低到只是会引起注意的程度，例如通过缩小产品的范围。出于同样的原因，自有品牌产品的市场份额可以大幅度增加。

生产商会高度依赖于超市，将其作为接触消费者的渠道（零售商是看门人）。人们通常认为，转换分销渠道十分困难、代价高昂，而且多数情况下在短期内无法实现。只要不影响到销量，零售商会继续让一些国家品牌产品退出市场，而推销自己的自有品牌架构。这对品牌制造商有着致命的影响，因为在一个大型零售商数量有限的市场内，失去一个分销渠道，可能意味着品牌终结，从而退出市场。零售商可以采取这种降低品牌制造商数量的策略，因为顾客对商店的忠诚度，通常情况下会超过零售商对国家品牌产品的忠诚度。在自有品牌产品组合是消费者决定购物场所主要原因的情况下更是如此。

这场辩论的另一个问题是所谓的信息不对称，因为零售商能够接触到机密信息。品牌制造商需要告知他们的零售商有关新产品研发、计划上市时间以及产品的价格，他们必须分享这些信息，因为产品上市前就要做好所有的决定。作为品牌制造商的客户，零售商接受这些信息是合法的，但在许多情况下，零售商会利用这些信息进行竞争（垂直竞争）。

这使得同等自有品牌可以进入市场，进行促销以及定价。通过利用这种内部信息，零售商相对于其他所有品牌制造商来说，拥有战略竞争优势，并且能够在品牌竞争者做出回应之前，引进自有品牌。我们也可以说零售商推出模仿产品（Me-too products）策略可被视作对领先国家品牌产品的研究、开发、市场营销以及广告的利用。这打击了品牌制造商在创新、引进新产品方面的积极性，同时会在上游（生产领域）引发过度生产，长期来看会限制竞争。

· 中小型企业的机遇

零售商提供的自有品牌为消费者增加了选择，使得食品类产品价格更低，降低通货膨胀的风险。他们品牌的良好声誉，即以商店的名义，来保证其提供的自有品牌。这使得他们可以利用规模经济降低成本，在不对此产品进行广告投资的情况下引进自有品牌。在那些由领先国家品牌控制的品类内，自有品牌能够提供重要的竞争反击。在这种情况下，其他的国家品牌会认为同市场领先者进行竞争，成本高昂，风险也十分高，而自有品牌不会受到这样的限制，在这种情况下，自有品牌能够让产品进入市场，而在正常情况下，一般不会发生这种情况。

许多中小型企业自己不能够分配预算，来打造自己的品牌，他们不能够同支配某些产品品类的强大品牌进行竞争。零售商通过选择自有品牌的方式通往市场，这样，在不需要进行大规模市场宣传的情况下，就刻意将自己的产品销售给大众。事实证明了欧盟内部市场是如何运作的：自有品牌使得许多中小型企业将自己的产品出口到外国市场的零售商处。这些企业正是通过商店品牌支持产品的零售商，打造了顾客意识和信任度。通过允许中小型企业以自有品牌的方式供应产品，零售商的生存能力得到增强，甚至那些品牌竞争激烈、需要创新的品类也能够得到发展。事实上，零售商们创造出来的许多利基市场需要由自有品牌自己解决，这些利基市场也是中小型制造商的独特领域。这样的例子有专门针对素食主义者（vegetarian）、不含某种食物的产品（Free From），以及公平贸易（fair trade）中的自有品牌次品牌。

· 地方和区域风味

零售商声称要在某个市场部分保护小型制造商，这样的例子就是区域风味（regional provenance）。这些制造商只是缺少资源打造并维持自己的品牌，然而这些制造商能够在自有品牌副品牌下提供自己的产品，这已经给予了他们一个有利可图的机会通往市场。在 Unser Norden（Coop，德国），Nos Régions ont du Talent（Leclerc，法国）或 Sapori & Dintorni（Conad，意大利）等区域自有品牌下的产品，能够保护文化、烹饪遗产，以及工匠艺术。

2011 年，阿斯达推出了阿斯达 Chosen By You 苏格兰系列自有品牌产品，仅在苏格兰阿斯达商店内独家分销。通过这种方式，阿斯达投资了一系列具有苏格兰区域风味的产品，例如，菠萝布丁、苏格兰派、苏格兰面包和哈吉斯派。2012 年，阿斯达也在爱尔兰实施了相似的项目，推出了阿斯达 Chosen By You 北爱尔兰品牌下的产品。

2010 年德国的 Lidl 超市推出了一系列来自巴伐利亚的地区产品，仅在那个区的商店内销售

2008 年，奥地利 Vorarlberg 州的一个小型家庭所有的零售商推出了一系列来自区域制造商的工匠手艺产品

·快速模仿

模仿新引进的成功品牌可能会降低制造商投资基础调查的意愿，而这些基本调查对于向市场发布新产品来说至关重要。制造商也应该能够拥有他们提供给消费者的那些升级产品，品牌创造者用一段时间的专卖权赢回他们在创新方面的支出，利用新产品的发展从中获取利润。除此之外，品牌制造商也可以在市场营销中说明自己在这方面的投资以确定产品品类，并将新产品的好处告诉消费者。这也会使品牌创新者赢得信任度，并创造一个足够强大的市场，打造一个可持续的有利地位。法国零售商 Intermarché 的采购经理有一次坦白称："我们内部的调查显示，如果我们在引进创新品牌后几周内，就模仿一种新产品，那么我们几乎没有机会获得 40% 的自有品牌市场份额。然而，如果我们同时发布产品，在许多情况下，我们可以获得 60% 的市场份额，甚至更多。因此，我们希望我们的自有品牌供应商能够十分积极，负起责任，能够使我们在品牌创新之前或者发布后不久就发布新产品。"

允许品牌制造商早一点引进他们的新产品，给予他们一个公平的开端，也许是解决有关垂直竞争和信息不对称争论的方案之一。然而一系列因素使得实际操作十分困难，例如，什么是真正的创新，什么只是现存产品的一个衍生品，如何处理那些参与到自有品牌本身制造中去的零售商。他们将继续寻求自我创新或者基于那些外部自有品牌制造商无法获得的公司内部数据分析，快速创新。

零售商也许声称自己是第一个对创新产品进行市场营销的，并指责品牌制造商复制了他们的产品。有许多零售商和自有品牌制造商，乐于在每次把新产品推出市场后立即进行快速模仿。此外，什么是公平的开端，品牌制造商应该有多少周、几个月或者甚至更长的时间来打造自己的市场，不允许自由品牌"盗窃"他们的产品？通过观察产品的生命周期可以提供一些帮助吗？应该如何检测呢？对于这些情况，哪些制裁适用呢？

有关这个话题的争论十分复杂，而且将会继续进行下去，因为品牌制造商会倾尽全力来反击自有品牌的成功。自我调节或者零售商与品牌制造商间形成自愿的行为准则，也许是一个解决方案，这无疑好过那些最终不利于消费者的严格的立法。

· 实现平衡

总之，我们可以得出结论，自有品牌会带来积极和消极的影响。他们的存在增加了品牌制造商的压力，品牌制造商必须进行创新，以提供新的、更高端的产品。一方面，国家品牌通过引进更多的新产品来应对自有品牌进入市场，消费者可从中获益。另外，多数产品品类的平均价格降低，消费者可从中获益。另一方面，零售商可以自己参与到此前品牌制造商没有注意或者没有触及的产品、品类的创新中去。然而，其中也存在风险，自有品牌的举动会降低品牌制造商创新的意愿，当一个生产同类产品的零售商对国家品牌进行快速模仿时，尤其如此。因此，如果不给予制造商一定的时间来赢回他们在这方面的投资，创造者的获利程度可能会降低。快速复制也会抹杀那些彻底的创新，这意味着一个巨大的损失，因为根本创新对经济有着最为积极的影响。

　　自有品牌策略取得成功，可能会减少滞销品牌的货架空间。这些品牌面临着退市的风险，而有利于那些要求陈列在强大的国家品牌旁边的零售商自有品牌。然而，问题在于，如果制造商品牌数量减少，消费者的选择是否也会减少。事实上，从货架上消失的那些品牌最终会被一系列广泛的自有品牌副品牌取代，这些副品牌包括那些专门针对独特利基市场的产品，例如健康饮食、某种材料不耐受、有机或者素食主义类产品。

德国 Aldi South 提供的一系列速食产品

　　有了这些副品牌，各个不同的领域开始专门针对不同的价格梯度和主题进行分类。这比没有清晰定位的国家品牌，向消费者提供了更多的选择。在拥有多个制造商品牌的品类中，如果每一个制造商品牌都致力于市场营销，向消费者传达个人独特的信息，会使消费者感到十分混乱，购物体验更加复杂。而相对来说，不同的副品牌，若能够有清晰的可以识别的外包装，就有可能在商店内帮助消费者更容易地做出决定。除此之外，一些表现不佳的品牌，对于消费来说相关性降低，而用那些可以为零售商带来销量并打造消费者忠诚度的产品来替换这些表现不佳的品牌，十分合情合理。

第八章
卓越运营

总结

　　自有品牌制造行业的繁荣，带来了有着广泛影响的欧洲大型制造商。本章将讨论自有品牌在制造领域一些被证明过的经验，以及不同层次的供应商如何同零售商打造和保持良好关系。由于自有品牌制造商采取的是单一目标群体策略，自有品牌零售商应该将此作为关注的中心。零售商除了在制造过程中要面临产品多样化以及保持低廉价格的挑战，也能够在价格以外的其他方面进行竞争。本章将讨论供应商如何成功地实现这一点。除此之外，本章还将讨论零售商用公司会员卡来评价他们的供应商。一个品牌的经营模式同专门的自有品牌制造商之间有着根本的不同，在极度竞争方面，自有品牌制造商的运营必须基于本组织之内的战略。本章还将讨论自有品牌制造商越来越不愿意参与到网络拍卖以及购买联盟招标中去，以及零售商在制造过程中和应对突然的工厂审核方面的后向一体化策略。

零售商地位的巩固过程对制造领域有着重大的影响，由于力量不平衡，零售商一直能够大幅降低产品的价格以及制造商所获得的利润。由于零售商寻求提升自身条件，并能够保证自有品牌的产品质量始终如一，自有品牌的供应基地（supply base）的选择十分合理。零售商旨在寻求数量更少、规模更大、技术高效以及有创新能力的制造商。如今的大型零售商只通过寥寥可数的自有品牌供应商，来提供多数的产品品类，并将质量管控、采购、存货以及分销的责任推给主要供应商。与此相矛盾的是，随着零售商同自有品牌供应商进行合作，开发不同的产品，打造商店的忠诚度，他们对于这些制造商的依赖度却有所增加。

· 自有品牌制造业的发展

欧洲零售市场的变化，对于自有品牌制造行业有着极大的影响。随着自有品牌开始崭露头角，制造商也并不是那些生产市场领先品牌的公司，他们毕竟是二线、三线的品牌相对较小的制造商。这些品牌在不需要在市场营销方面进行大规模投资的情况下，就可以增加他们的营业额，通过引进自有品牌提升利润率以及增加他们的资产。这些制造公司的规模随着自有品牌市场份额的增加而增加。通常家庭所有的小型企业会发展成为小有名气的自有品牌制造商。最初自有品牌产品的生产仍然同公司制造商品牌产品的生产结合在一起，但随着自有品牌在产品总量中的份额增加，制造商的品牌会失去其重要性。对零售商和消费者来说，这些制造商品牌进一步被边缘化，在许多情况下会退出市场。自有品牌制造商之间激烈的竞争也带来了专业化，增加了生产规模，以满足更大的产品需求量。几年来，自有品牌行业已经发展成为一个领域，其中那些高度专业化的大型国际公司十分活跃。规模和精密程度成为同大型零售商打造并保持长久关系的主要成功秘诀。

在未来，零售商不断提高的地位和专业化程度将会被用于向自有品牌供应商施压。这不仅是为了提升零售商的地位，也是为了将工商管理责任推给这些制造商。零售商期望他们的供应商能够快速应对市场变化，有最新的市场数据，具有良好的账目管理技巧，对产品品类有连贯的计划以及知道如何以新的自有品牌计划推动市场向前发展。有一些制造商也许能够将这些变化视作机会，把自己发展成为更为强大的制造商，然而那些小型企业也许无法提供这些服务，或者无法快速让自己适应这种新趋势。

把这些因素都考虑在内，从零售商以及制造商的角度来看，通过在自有品牌制造终端衡量产品条目而增加规模经济是一个合理的选择。在过去的十年中，自有品牌制造行业的增强已经带来了许多影响力广泛的欧洲大型制造商，这种趋势还将持续下去。

竞争力较弱的品牌制造商成为专职自有品牌制造商

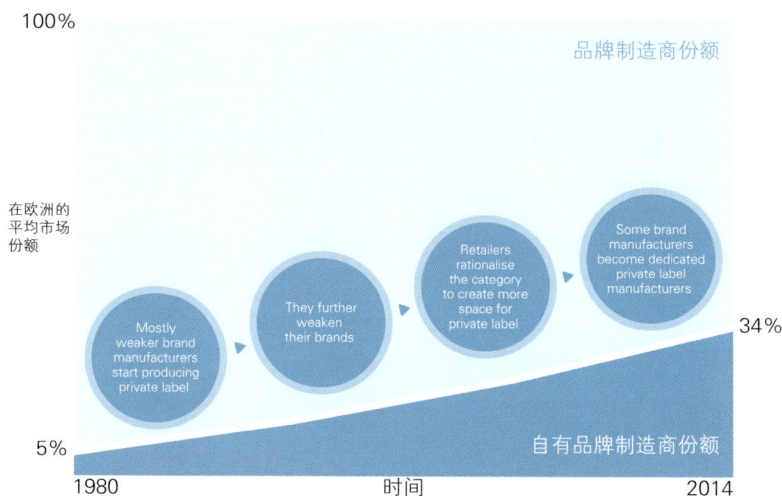

来源：IPLC 和 PLMA 年报

　　仔细研究自有品牌领域内的各个参与者十分有用。自有品牌制造商成功的主要因素有哪些？哪些因素使得自有品牌制造商的环境同国家品牌竞争者的环境相去甚远？那些在各自产品品类中占主导地位的竞争者有哪些特点？他们如何实现了运营卓越？

· 不同的经营模式

　　首先应该提出，专职自有品牌制造商的经营模式，同品牌制造商的经营模式，有着根本上的不同。与品牌制造商相反，专职自有品牌制造商只生产自有品牌，公司内也许会遗留一些高端品牌或者三线品牌，但是公司几乎不会在市场营销方面费力来维持消费者的偏好。然而，品牌制造商的策略是既生产自有品牌也生产国家品牌。这种例子有 FrieslandCampina（奶类产品），Bonduelle（罐装蔬菜）和 Bahlsen（饼干）。在多数情况下，自有品牌和国家品牌只提供给少数几个国家。

关注零售商

品牌制造商主要关注两种目标群体（双重目标）。一方面，公司将其活动瞄准零售商，零售商也将其产品包含在产品组合中，在商店内支持这些产品（推）。另一方面，制造商同时直接与消费者进行沟通，吸引他们购买这些产品（拉）。品牌制造商会建立其品牌，也会管理品牌，通过打造消费者偏好，产品的需求会增加。由此，零售商也自然会将产品融入产品组合中去。

另外，品牌制造商也将其活动聚焦于零售商，因为零售商负责管理市场内的所有因素，在这一情况下，制造商起到的作用最多也只是提出建议。作为一个品牌拥有者，零售商管理制造商品牌，也会说服消费者购买产品，实现期待的产品流动。在这种情况下，自有品牌制造商几乎起不到任何作用，自有品牌制造商的关注重心是与零售商建立良好的关系并维持这种关系。零售商和制造商之间的良好关系将会增加圆满合作以及长期合作的机会。因为自有品牌制造商对消费者完全不了解，所以制造商与消费者之间的沟通是没有必要的。此外，作为自有品牌的拥有者，零售商也不会允许制造商这样做。制造商的名称直接被印在外包装上的情况十分少见。

生产多样化

自有品牌制造商必须在生产过程中实现多样化。所有零售商经营的自有品牌下产品都有自己的产品规格，从而造成生产的复杂性。例如，一个洗衣液之类的简单产品的规格说明都大相径庭。这种情况完全不同于领先品牌制造商的产品，因为制造商通常可以在整个欧洲市场以同一种样式提供同一产品，只有品牌名称在不同国家用不同语言。然而，对自有品牌制造商来说，情况完全不同。大多数制造商拥有自己的独特瓶子样式，他们针对产品组成、味道、颜色、盖子的选择都有自己的要求，更别提外包装的形状以及图案了。

这种多样化导致生产过程和计划过程十分复杂，因为要生产大量的、完全不同的产品和外包装。如果使用了一种错误的材料或者包装，就很容易犯下错误，又由于产品填充线速度过快，这样的错误带来的结果十分严重。另外，对制造商来说，将机器维修时间降到最低也是一个挑战。因此，有一个既能将机器维修时间降到最低，又能够管理复杂生产过程的灵活产品线十分重要。多样的产品类型的另一个后果在于因为库存过多，当要快速、及时反映需求时，不仅会占用成品的营运资金，还会占用原材料包装和辅助材料的营运资金。为了降低包装材料被淘汰的风险，需要有到位的库存管理程序。

为多个法国零售商生产类似于洗衣液等简单的产品，生产过程也会十分复杂

成本领先战略

自有品牌制造商面临的市场竞争激烈，通常不得不解决单方面的贸易关系。因此，对品牌制造商来说，高效管理员工以及资金问题至关重要。此外，制造商还面临着供应合同输给价格更低的竞争者的威胁。所以通过尽可能地降低成本，保持竞争力，对于制造商来说至关重要。一个国家品牌制造商也许会通过提高整体利润或降低在市场营销和创新方面的成本，来弥补在批发价格或者生产成本上的损失。幸运的是，自有品牌制造商并不知晓这一点。通常由于竞争激烈，制造商无时无刻不在奋斗，尽可能保持低成本。自有品牌行业的一个典型特征在于，他们一直以来都在努力降低成本，有时候甚至会沉迷于此，对于所有的部门来说都是如此。这种在策略以及行动上的成本

意识必须深深植根于企业。

控制成本过程中的一个重要关注点在于，从整体上缩减资源浪费，不仅要在生产过程中将原材料、包装和辅助材料的损失降到最低，还要减少机器维修时间，高效管理时间。如今公司内会议繁多、冗长，极少部分的员工可以完成大量的工作，公务旅行也通常安排在工作时间之外。因此，现在还雇有接待员或者话务员的公司越来越少了，公司的拜访者在接待大厅内通过一部手机和号码册就可以联系到要拜访的人。有一次，我同一个自有品牌制造商的生产部门的经理聊天，他之前在同一行业同一产品品类为一个国家品牌制造商工作。他告诉我，自有品牌制造商与他此前工作的国家品牌制造商相比，生产过程中的资源浪费率目标要低得多，他为此感到震惊。尽管自有品牌生产的产品十分多样化，生产过程十分复杂，但其资源浪费率的目标，却比国家品牌制造商低几个百分点。

基于活动的成本管理（ABC 成本法）

在降低成本的过程中，基于活动的成本管理法可以让管理者明晰公司内部影响总成本的因素。传统的成本耗费系统无法准确地决定生产过程中的实际成本以及相关服务的成本，因此管理者根据并不准确的数据来做决定，尤其是在自有品牌产品十分多样的领域。

基于活动的成本管理不会随意地分配成本，而旨在确定因果关系，客观地分配成本。一旦确定了各个活动的成本，每个活动的成本就会被分到相应的利用这种活动的产品中去。通过这种方式，那些成本过高的产品可以得到确认，从而使制造商寻找方法降低成本或者提高这些产品的价格。如果多款产品的实际成本不同，而其成本并没有分配给各个产品，那么一种产品就有可能会补贴另一种产品。基于活动的成本管理，对于产品以及客户组合分析来说十分有价值。

· 在价格以外的其他方面进行竞争

欧洲自有品牌行业中，成功的制造商能够在实体产品之上增加附加值，尽管这很难测量，但重要的是，零售商可以考虑将这一合同转给新的供应商，或者维持同现有供应商之间的关系，这取决于在价格以外其他方面的竞争能力。那些能够同零售商打造并维持成功的伙伴关系的制造商，实现了宝贵的竞争优势，在一些情况下，他们能够为产品增加巨大的附加价值，使得零售商乐意为此多付一小部分资金，或者决定不再更换供应商。能够带来最高价值的措施有强大的客户管理（account management）技巧，在问题产生之前采取积极的态度同零售商一起解决问题，以及在合作和库存控制领域的良好表现。自有品牌供应商数量应该超过制造商的数量，同时自有品牌供应商也要能够提供作为分析师、设计师、商业顾问以及创新者的一些价值。这些努力的关注点也就是要实现卓越运营，并打造可持续的伙伴关系。下面进一步解释在实体产品上增加价值的方式，以便能够在价格以外的其他方面进行竞争。

紧迫感

零售公司面临着每天在货架上放满许多种品类商品的挑战，这些商品大部分为新鲜的或者冷冻速食产品。因此，为了保证货架上拥有完整的产品组合，没有滞销产品，供应链管理是一项重大工程。所以零售商要求十分苛刻，或者对于制造商出现的一些问题、复杂性，没有什么兴趣也是情有可原的。他们最不希望的就是很难联系上供应商，或者遇到沟通缓慢、低效的供应商。公司的主动程度以及避免任何问题发生在零售商身上的能力十分重要。这一点以及公司如何管理、快速高效地解决困难，决定了零售商对供应商的信任程度。零售商和供应商之间顺利的合作关系，以及快速供应和服务水平，会让双方都十分满意他们的工作关系。

制造商在零售终端同其他制造商进行外部沟通的速度，取决于制造商公司内部沟通的程度。这就是自有品牌制造商公司内部的所有部门都必须有高度紧迫感的原因，这对于自有品牌制造商公司的结构也有重大的影响。

市场知识

众所周知，采购商和品类管理者时间很少，甚至无法去考察他们自己的商店，更别说竞争商店。因此，专职自有品牌制造商的客户经理就要频繁地考察商店，这会使得他们快速发现品类内的新变化。对制造商品牌产品以及自有品牌产品的消费者价格变化、新产品的引进退市、包装类型和大小等方面的密切关注成为客户经理主要职责的一部分。另外，小规模的消费者调查以及数据分析可以让他们获得一些经验。品类管理者十分重视客户经理对现在市场的透彻了解，以及最重要的，乐于分享基于自己的调查和经验得到独特信息的意愿。因此，客户经理成了一个品类顾问，使其更容易与零售商会面。毕竟，零售商知道，与一个对市场最新信息十分了解的客户经理讨论问题是十分明智的选择，他可以告知自己最新动态。同时，零售商也会更加乐于分享他们的信息。通过这种方式，客户经理可以了解一些关键的信息，从而将这些信息转变为商业机遇或者挑战。基于这些经验，他们也可以开发新产品或者采取足够的商业行动。

创新

品牌制造商通过不断进行产品变化和创新，让自有品牌落在竞争队伍的后面。为了对新的市场机会做出回应，零售商越来越关注自有品牌供应商的积极策略。自有品牌供应商应该拥有主动进行成功创新的能力，因为这使得他们能够快速与新引进的制造商品牌进行竞争，他们的目标是使自有品牌进入市场的时间尽可能地缩短。越来越多的自有品牌从追随制造商品牌的脚步到超越国家品牌。零售商已经成为主动的创新者，他们打破原有规则，利用自有品牌做试验，将自己从竞争中凸显出来。他们还可以以相对较低的成本实现这一目标，而几乎不产生其他市场营销成本。零售商拥有自己的数据以及快速执行计划的能力，商店推销这种产品，而且因为他们是自己的商店，所以分销也不是问题。通常情况下，零售商在外包装的设计上会有所投资，而把其他的所有成本都推给了制造商。在这种模式下，自有品牌失败的成本与制造商品牌失败的成本相比，微不足道。

自有品牌制造商的客户经理应该同零售商保持亲密的关系，他们要在早期了解一些信息，因为这会加速他们的创新过程。通过快速主动地做出反应，自有品牌制造商可以获得竞争优势。除此之外，原材料和外包装供应商通常会成为重要的信息来源。与零售商的品类经理组织头脑风暴式的产品开发项目，在许多情况下可以激励双方开发出成功的新产品。我们的自有品牌制造商客户之一，曾邀请玛莎百货（Marks & Spencer）的品类经理以及产品研发经理参加在实验厨房内进行的工作。此供应商是家庭烘焙产品的主要制造商，同自己的顾客在一个实验厨房中，他创造出了一种新的手工蛋糕，从而支持了他的顾客。双方参与到创新过程中来，激发了他们的参与热情，表现出了他们对于产品发展阶段的承诺奉献精神，然后在公布产品后的 12 个月，成功地将其引进市场。产品由于得到足够的关注，一时成为风靡之物也不足为奇。

多个水平上的零售商关系

零售商的自有品牌策略，不再仅由采购商进行实施。采购商的同事，比如品类经理、质量经理、概念经理或者物流经理在选择谁是最终自有品牌供应商方面，影响力越来越大。尤其在英国零售业内部，技术经理在选择自有品牌制造商方面有很大的影响力。

因此，自有品牌制造商同所有的专家继续沟通，以打造与他们的关系。为实现这个目标，制造方的专家应该同零售方的专家进行直接沟通。能够成功地这样做的制造商，会得到许多好处。

第一，对于单个采购商的依赖性有所降低，因为零售方的许多人会受到影响。

第二，若零售商更换采购商（经常发生的事），零售商的同事们会快速向新的采购商展示工作流程，毕竟他们熟知这些细节并且了解档案信息，以及同自有品牌供应商之间的关系。

第三，此行业制造终端的专家们能够同零售方的同事进行高效沟通。这降低了信息交换过程中的错误率，也加快了信息交换的速度。

第四，也是最重要的一点是，采购商可以从不同的水平了解零售商的情况，这对于采购商开启一个创新项目或者维护合同来说至关重要，因为一个零售商突然终结与采购商的合同，而采购商没有预测到，会给公司带来致命的影响。

典型的零售组织

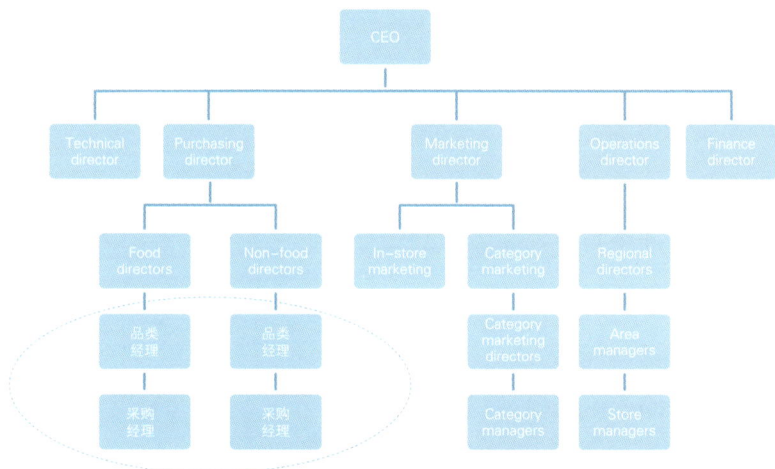

大多数自有品牌供应商只影响这些人

对自有品牌制造商来说，在零售商组织中建立更高水平的关系十分重要

与此同时，在零售公司内部与更高层方面建立关系也十分重要。为此，当不存在具体的商业问题时，制造商的高级经理与客户经理应该参与到顾客来访中去。客户经理应该同品类经理或者采购经理共同安排，三者中的某一个，或者品类经理，

或者采购经理，或者其他的高级经理要参加到会议中去。良好的关系或者至少同一位高级经理面谈十分重要，这样，在出现严重问题时，能够将其直接反映到更高的阶层中去。

同实验研究所建立关系

零售商意识到了自有品牌高质量产品的重要性。自有品牌产品的每次体验，不管是消费者的感官体验还是产品的实际功能，都要至少与制造商品牌的体验平齐。在包装上印上商店自有品牌的名称之后，零售商面临巨大的风险。像阿斯达、家乐福、Albert Heijn 和 Delhaize 这样的零售商，也许在产品组合中拥有一千五百多种自有品牌产品，一个零售商将其名字放在产品线中，并不希望此称号受到质量参差不齐的产品或者次品的影响。

在质量监控方面有严格的要求，由国际卓越标准（International Featured Standard）和英国零售商协会（British Retail Consortium）确定。在零售终端的质量保证部，经理以及技术经理监测他们自有品牌系列产品的质量，并通过工厂审核的方式评价制造商的生产设施，提出修改意见，完善生产过程。在这样的审核中开展可追溯性检查，讨论产品召回程序，并确定下来。除此之外，零售商还大量利用能够组织消费者进行测试的实验室。通常，在评价产品质量的过程中，有两个阶段。第一是采购商选择阶段，对比所有投标的供应商的样品；第二是整个合同期限内，不定期地开展检测，来确定产品的质量是否同此前达成一致的产品要求相符合。

许多自有品牌制造商不允许生产过程完全暗箱操作，使得外部测试结果出乎意料。有些制造商则坚持称理解这些测试方式和被用于测试的样品，因为这对于产品微调来说至关重要，从而让产品成功通过测试。所以，同相关的测试研究所建立并保持良好关系，理解他们的工作方式十分有用。我们甚至还经历过制造商能够帮助测试实验室改进他们的测试方式，或者指出测试产品的相关特点。在一些罕见的情况下，例如在洗衣液或者洗碗剂方面，测试研究所在同制造商互动后，甚至还乐于在获得的互动经验上，为制造商修改测试样品。

销售经理的独特技巧

品牌产品的制造商关注于打造品牌、管理产品，然而对于自有品牌制造商来说则完全不同，因为零售商作为品牌的拥有者，试图通过其市场营销组织，说服消费者选择自有品牌。制造商的客户经理间接地融入这一过程中，所以需要有良好的市场营销知识。通过这种方式，客户经理可以给零售商必要的支持，以理解营销过程中的一系列因素，例如产品的构成、包装、物流状况以及最终的价格。由于客户经理必须对不同的要求有广泛的了解，因此在品牌经营中，客户经理的工作要远远多于他的同事。在制造商品牌公司内的销售人员，通常对自己所销售的实体产品的了解有限。

客户经理必须同时对生产组织的能力有着深入的了解，这可以影响到产品的构成、包装类型和大小。客户经理应该问正确的问题，还应该做一个良好的倾听者，在同零售商的采购商的讨论之初，就有能力从产品技术角度判断，产品是否足够可行。这就是为何在了解了这些知识后，客户经理能够在新产品发布会上影响到采购者。对制造商来说，这就意味着可获利的合同与微获益的合同之间的不同。

取得胜利的品牌制造商能够做到低成本生产，能够在供应链以及品类管理中表现卓越，拥有能够以上述方式为产品增加价值的能力。

公司得分卡

为了评估他们的供应商，或者潜在的新供应商，一些比较高端的零售商会采用公司得分卡的形式。那些想要增加与大型连锁店之间业务的制造商，应该时刻关注在此评估中有关零售商的话题。

供应链以及产品系列技巧

供应商应该对整个市场以及相应的产品品类有详细的了解，通过常规的商店检查，密切关注市场的变化。在各自市场内的所有零售商都应该被包括在这一市场调查中，以便获得所需要的信息，用于自我评价或者解读。由此而产生的独特市场见解，以及分享这些信息的意愿，使得客户经理成为品类经理的品类顾问。这些深刻见解具有极高的价值，因为它们是用钱买不到的，这些意见会影响到一些策略选择和战略决策，从而优化品类管理。

创新技巧

竞争分化是零售商自有品牌战略的主要目标之一，因此，为了支持品类增长和获益率，供应商的创新技巧十分重要。由于打造购物者忠诚度具有重大战略意义，零售商旨在吸引和诱导消费者，所以必须对商品和包装不断进行创新。自有品牌供应商必须在这一挑战中扮演十分积极的角色。

组织结构和公司文化

组织结构和公司文化是零售商评价制造商的重要因素。供应商在与零售商客户的沟通中，要反应灵敏、十分主动，所以能够保证快速沟通的公司结构十分必要。为了实现这一点，几乎所有的自有品牌制造商的内部设置都十分高效，每一个员工都承担其责任。只有当供应商内部组织理解了内部高效通信的重要性之时，制造商同零售商间的快速沟通才可以获得保障，及时互动使得双方能够对问题快速给予反馈、进行解决，甚至能够防止问题的发生。需要说明的一点是，一个高效的组织也是成为成本低廉的制造商的一个前提。

金融稳定性

在竞争极其激烈的市场上，自有品牌制造商不得不以接近成本价的价格销售产品。这使得经营结果十分不佳，几乎没有利润来应对任何挫折。因此，零售商应该关注供应商的金融稳定性，避免意料之外的需求下跌。一个公司金融稳定，使其能够继续投资于良好的管理和设备，从而紧跟市场潮流。

公司的战略定位

零售商将公司的战略取向融入对自有品牌制造商的评估中。自有品牌制造商是否有让自有品牌在市场中长期增长的清晰策略？制造商是否愿意投资于必要的资源来支持自有品牌的增长？如果制造商品牌和自有品牌都由同一个制造商供应，并出现了瓶颈期，尽管制造商品牌会带来更多益处，但制造商是否会继续提供自有品牌？所以，公司必须在他们的零售访问中同客户经理一起，传达他们对自有品牌供应的战略承诺。

提供个性化定制产品和服务

在合理的范围之内，生产的灵活性以及制造商提供定制产品的意愿十分重要。私人定制新产品的研发以及创新包装的概念会将零售商在竞争中分化出来。除了显而易见的事实——提供质量一致的高质量产品以及高效服务——零售商在评估他们的供应商时，会十分注意这个个性化的一点。

零售商评估自有品牌供应商时采用的得分卡

来源：IPLC

自有品牌制造商有清晰的战略和目标至关重要，只有关注内部达成的目标，才能高效地分配资源。若缺少这些战略目标，公司也许会被吸引去应对那些表面看起来十分有利的机会，而战略关注点会阻止公司这样做。比如，多年来英国的几家零售商不断要求欧洲一家领先的自有品牌制造商，向他们提供一款独特的加工食品。然而，尽管这看起来十分诱人，但是这些零售商愿意支付的价格低于制造商的最低期望值，被认为是不现实的。尽管制造商面临的压力不断增加，却没有供应这款产品，直到最终制造商突然接受了最初提出来的价格。英国的这几个供应商似乎避免了长期的必要投资，结果自有品牌产品的质量恶化到了难以接受的水平。多年来这些以英国为基地的制造商，并没有投资于保持产品高质量方面。事实上，签订的合约并没有带来能使其在产品质量方面进行必要投资这样的收益。

· 清晰的策略

我们遇到过许多自有品牌制造商，讨论他们在竞争激烈的市场中遇到的挑战。一些制造商策略不清晰，因此缺少合适的组织，这些公司只是做出回应，而非主动运营，因为主动运营是基于一个以透明一致的方式内外讨论，然后决定的策略。

我们也与那些对未来拥有清晰愿景，以及基于深植于公司内部策略运营的制造商进行合作。对这些制造商来说，这种透明使得他们能够实现高效运营，或者接近这个目标。一个清晰的策略的价值不应该被低估，事实上，正如此前描述的那样，清晰的策略正是大型零售商在为自有品牌选择供应商时所寻求的目标。他们把目光投向那些理解并致力于解决自有品牌挑战的高级公司。例如在一些领域，搞清楚公司不希望做出的举动十分重要。

· 发展双品牌

　　一个既适合于自有品牌制造又能保持制造商品牌的策略，多数情况下很难在一个公司内部结合起来实施，也会影响到自有品牌制造的高效运营。两种模式要取得成功的关键因素，从根本上有着不同。此前提到的同时发展两种品牌的公司规模巨大，像 Friesland Campina 和 Bonduelle 等，拥有不同的商业组织，在两个领域内都取得了成功。但是他们只是特例，在多数情况下，要结合自有品牌和制造商品牌制造来发展是一个挑战。

制造商角度

　　自有品牌制造商的主要技能同品牌制造商有着根本的不同。自有品牌制造商的主要关注点在于，实施成本领先策略，并能够在价格以外的其他因素上进行竞争的能力。然而品牌制造商的活动主要针对在分销水平上最大化，并为其品牌创造出消费者偏好。对自有品牌制造商来说，实施成本优先策略，可以让企业内部结构极其高效，而相对来说，一个品牌制造商的商业组织要复杂得多。这里关注的是，对于零售商的推动因素，并创造拉动因素以及最终消费者的需求。因此公司内部的一个重要工作就是做出营销方面的努力，以加强同最终消费者的沟通。

由于自有品牌制造商的商业活动仅针对零售商，他们之间的关系仅仅是一种商业与商业之间的关系。毕竟同消费者进行沟通的是零售商，在多数国家，零售商不会支付自有品牌制造商在市场营销方面的花费。而制造商在这方面的花费也是有限的，例如市场调查。另一个使得品牌制造商规模宏大的因素，在于他们在研发方面所付出的巨大努力。

零售商角度

零售商会更倾向于从一个完全投身于自有品牌产品的制造商处，购买自有品牌产品。制造商若有了清晰的目标，重点为第三方生产品牌，它就不会轻易受到自有品牌政策的吸引，所有的活动都会关注于同零售商之间的合作，而快速对市场变化做出反应。不管这是否会影响到产品形成或者包装的选择，制造商都会在商业可行的范围之内进行自我调整，尽可能地满足零售商的愿望。制造商在创新方面的努力也会完全放在同零售商的进一步发展上。这与制造商品牌的主要任务不同，他们创新是为了自己的制造商品牌。一个既生产制造商品牌也生产自有品牌的制造商，会将在创新方面所做的努力全部投给自己的品牌，他们也可能希望产品的新变化会晚些时候传给零售商。

这一点同样适用于一个关注于双品牌发展的公司内部的管理，这种公司关注于那些最有利可图的活动。因此，尽管在市场调查和营销方面有许多花费，多数情况下用于制造商品牌活动。倘若生产能力受限或者缺乏资金，他们会关注于制造商品牌活动。

应该发展双品牌的情况

尽管在有些情况下，一个品牌制造商同时生产自有品牌是情有可原的，但是这不应该成为此品牌制造商投机取巧的决定，即暂时利用公司的剩余生产能力。

一些公司创新是为了他们的品牌产品，并在一段时间后才提供给自有品牌。多年来，Reckitt Benckiser 公司在洗碗剂方面也奉行这个策略，该公司生产的洗碗剂通过一个独立的组织 Propack 以自有品牌的形式出售。

其他公司采取地理策略，在本地市场，以自己的品牌出售这些产品，但是在几个出口市场中以自有品牌的形式出售。

如果一个产品品类十分复杂，包含多种多样的产品，每种产品数量较小，同时也提供自有品牌产品，那么品牌供应商甚至可以加强同零售商之间的关系。在这种情况下，供应商可以完全管理并控制产品品类，也因此能够减轻零售商的负担。"地中海产品"（Mediterranean Products）就是这种产品品类之一。

德国的一家饼干的生产商决定，除了自己的品牌业务之外，也开始生产自有品牌以提高生产效率。只生产品牌产品，一天工作时长为十二个小时，若包括了自有品牌产品，那么制造商可以一天进行二十四小时生产，因此提高了产品总质量、一致性以及总产量。

· 网络拍卖和购买同盟

十分自信的自有品牌制造商拥有自己的策略之后，越发不愿意参加网络拍卖，或者根据购买联盟的要求进行投标，在那些可以在许多方面增加产品价值的产品品类中尤其如此。这些制造商，对于那些仅通过价格赢得的合同并不感兴趣，因为他们相信通过网络拍卖或者购买联盟进行分销的产品，在购买过程中失去了所有他们认为十分重要的因素。这些引人注目的制造商，为持续高质量的产品增加了许多价值，例如顾客亲密度、市场分析、十分有价值的产品品类意见、敏锐的新产品研发以及将近百分之百的送货率等。这些因素在使用网络拍卖或者常见的分销项目这些粗陋的工具时，根本没有被考虑在内。由于拍卖会之后通常并不是那些出价最低的投标者获胜，而为这些拍卖做准备会花费数十天的时间，所以就失去了宝贵的管理时间，获得合同的机会却十分渺茫。在网络拍卖期间，对各个产品的成本进行估测并做出选择，都费时费力。这些品牌制造商对于他们的经营方式十分满意，拥有清晰的目标。已经决定不去参加竞选的那些公司，会将他们的资源分配给现有的客户并抓住那些看起来十分可行、有利可图的机会。从经营的成本要降到最低这方面考虑，这通常是十分明智的策略。

从网络拍卖或者购买联盟竞标中赢得的合同，很多情况下得不偿失。如果参与者过于渴望获得一些商业机会，或者竞标计算不良、准备不佳，又或者在重要的时刻思想抛锚，得不偿失的概率更大。最差的情况是，参与者均有上述四种情况。一些制造商会故意遏制自己参加拍卖的欲望，并等待他们的竞争者获得那些利润率低或者得不偿失的合同，这些合同很有可能会削弱他们的力量，甚至将他们赶出市场。有着清晰策略、思想坚定的制造商会拒绝来自零售商不现实的，或者商业上无法接受的要求。而那些力量较弱的制造商会从一个不同的角度来衡量未来的情况，经常犹豫不决、内部进行讨论或者对机会毫无热情，而这些机会可能会导致噩梦一般的后果。

在实际情况下，我们也遇到了能够知晓这个情况的自有品牌制造商，他们使得竞争者去获取那些情况不属实的合同，进而使他们的生意得不偿失。这些制造商只需等待事情发展，等待这些竞争者破产，在此之后，他们可以以更有利的地位获得同样的合同。一方面市场的竞争不复存在，另一方面突然失去了供应的零售商也从中快速得到了一个教训，选择供应商时要考虑更多的因素，支付的价格费用不合理，或者给制造商带来过多的压力，风险很高，很有可能造成关系突然破裂或者产品滞销时间过长。

· 管理产品组合

许多自有品牌制造商更乐意为了竞标或者新产品的研发回应零售商的要求，而非根据清晰的内部目标或者计划行动。如果没有提前达成一致的标准来衡量、规范工厂内生产的产品，会形成一个十分复杂又获益率低下的产品组合。提前达成的最小订单量，或者对于现有以及新配方、新菜肴有利润预期，会帮助制造商衡量零售商对于报价的要求。若订单量小，产品组合复杂，要求机器不断重新安装，增加了机器修整时间，从而导致生产力低下。如果产品有增长潜力或者能够服务一个零售商，那么这些产品会被接受。然而，如果监管不力，涌进这一项目的多款产品的生产率会逐渐降低，最终影响到获益率。对自有品牌管理不力，导致营业额过度增长，最终造成一种复杂的情况，很有可能导致这一产品最终退市，或者要求对产品组合进行合理化。事实上，定期分析产品组合，确认那些并不会带来利润的产品或者增长潜力较小的产品，对任何自有品牌制造商来说都是必须做的一件事。

对于在从上到下进行排名的产品清单中排名最低的那些产品，要进行调整使其更好地适用于生产项目，或者强行提高价格，或者仅是让产品退出市场。

要高效地利用资源，应该每年进行这样的分析。与此同时，也应该评价成品、原材料和包装的库存，从而找出那些滞销品，或者过时的产品，再采取相应的措施。

为了评价零售商对于产品或者新产品研发的一些要求，许多零售品牌制造商在采取任何措施之前都会使用一种获利程序来评价项目。通过营销、产品研发、生产部门之间的共同评价，公司可以避免做出错误的决定，将资源投到那些未来效益不高的项目中，或者公司也可以避免生产的复杂性。

· 合同制造

随着自有品牌市场份额逐渐增加，也出现了许多大规模的制造商。这些制造商公司有专业化的管理，通常是低成本制造中的真正冠军。这些公司已经习惯了为大量零售商按照合同制造的策略，他们为第三方自有品牌生产产品的生产率不相上下。品牌制造商也注意到了这种情况，一些品牌制造商在这几年间，市场份额输给了自有品牌。越来越多的品牌制造商不再把制造看作他们的核心业务。这些品牌制造商将他们的资源放在提升产品的供应链上，以一流的销售营销队伍打造并维护他们的品牌。这些公司不会继续投资于生产经营或最新的技术，反而会选择将这些产品的生产外包出去。在这种情况下，选择自有品牌的一流制造商，是十分合理的行为，这些公司擅长以低价进行高效生产，并能够在他们的生产项目中管理许多产品。由于零售商对自有品牌供应商的质量管理要求极其苛刻，这些公司在这方面应该不成问题。有人可能认为，为了新产品的引进和开发创新，品牌制造商不愿意外包。然而这并非实际情况，因为在新产品的引进过程中包含大量的不确定性，由于在生产设施方面要求有资金投入，一个品牌制造商很有可能在第一阶段进行外包，以降低金融风险。

· 零售商的后向一体化

供应商、零售商和制造商在生产过程中的角色是在不断发生变化的。零售商在生产的各个阶段以及整个供应链中，愈加能够更一致、更有效地管理自己的品牌。一些零售商甚至还主动加深纵向合并，并直接控制产品生产。零售商在纵向整合中有多重益处，例如能够扩大自有品牌的渗透率，从而大规模提高销量，或者保障食品供应安全，保障食品安全和可追溯性。另外，通过更好地理解供应链而增加品牌影响，也是一个目标。零售商也许会认为，纵向整合能够降低对供应商的依赖，从而提高对供应链的长期计划和控制。尤其对于大型制造商来说，纵向合并是一个非常具有吸引力的选择，能够完全将一些品牌组织融合到供应链中。然而，后向一体化的一个大的弊端在于，多个自有品牌制造商无法在供应合同每年的重新协商中相互竞争，因此就没有机会对供应条件进行定期的衡量。

在已经进入制造行业的零售商公司中，一个公司就是 Lidl，此公司已经建造了自己的巧克力以及面包烘烤生产工厂。另外，在制造商 Sonnländer 破产之后，瑞士的 Migros 和 Coop 公司在 2013 年的德国和波兰，委托四家果汁工厂生产果汁。在此之前，Sonnländer 制造商多年为 Edeka 公司提供自有品牌产品。Intermarché 公司目前经营六十一家制造单位，能够生产 45% 的自有品牌产品。

瑞士的 Migros 和 Coop 公司在很大程度上是纵向合并的公司，多数自有品牌是在公司所有的生产工厂内制造。瑞士 Coop 公司共经营生产九种食品和非食品的工厂，制造多种多样的巧克力、化妆品、家庭清洁用具、意大利面条、即食快餐和饮料。2011 年以来，Coop 公司已经拥有了自己的矿物质水源，生产自有品牌 Swiss Alpina 和 Prix Garantie 瓶装用水。Migros 和 Coop 工厂还向欧盟的其他零售商销售自有品牌，例如，Mibelle，Migros 个人护理产品制造工厂向德国的 Edeka 和 dm 供应产品。

· 质量管理和工厂审查

近来针对食品安全和信任方面出现了多起丑闻，诸如牛肉汉堡中的马肉，涉嫌违反散养鸡蛋生产规则的家禽农场，以及加过水的鱼和虾等。在欧盟法律之下，零售商要负责在自己品牌之下推向市场的产品的安全。公众的愤怒情绪使得人们愈加关注供应商质量控制体系。如今，在多数情况下，零售商会使用商店旗帜品牌来保障自有品牌架构。由于零售商的名字印在产品线上，因此他们不希望提供次品或者质量不一致的产品。

英国以及其他多个国家出现马肉丑闻之后，针对英国的食品体系发布了一份报告。报道指出，罪犯们愈加视食品为更具吸引力的领域，因为食品领域潜在利润高，检测风险较低。报告要求采取新的措施，更好地保护消费者，包括从提前通知工厂审查转为突击工厂审查，加大审查和测试力度，提高信息共享程度，并设立一个专业的部门来打击食品犯罪。尽管一个更为严格的控制体系会降低风险，但是导致欺诈问题出现的原因在于追求低价食品，而这些是食品系统本身的问题。

一系列食品丑闻发生之后，超市已经开始通过加强他们的检查机制来增强消费者的信任。尽管折扣店 Lidl 在此之前就已经同 IFS 审查进行合作，但是阿斯达是英国首个对其自有品牌产品制造商进行突击检查的零售商。2013 年 10 月，拒绝以这种方式进行审查的供应商不会再获得阿斯达的技术许可。这项大胆的举动旨在增强竞争力，并增强消费者对其品牌的信任度。其他零售商面临来自英国食品标准局以及消费者的压力，也一定会效仿阿斯达的这种做法。

突击检查背后的原因是为食品行业提供一个更客观的实际标准以及遵从水平。如果审查被提前告知，公司有时间进行准备，那么公司的真实卫生水平会在检查当天有所提高，倘若发现不足，公司也会检查食品安全管理系统并进行升级。这使得公司在审查当天能够将其业务以及控制提高到最佳水平，并带来更好的审查结果。

食品制造商在任何时刻都要遵守 BRC 和 IFS 条例。因此，检查人员通知或者不通知公司进行突击检查，都不应该有差别。公司也不应该花费数小时，甚至是几天的时间，为审查进行准备。一个公司的体系、卫生、安全和文献应该时刻井井有条，而非只是在审查时。

第九章
自有品牌
包装设计

总结

在一个零售商与其客户所有的沟通过程中，自有品牌的外包装是最为引人注目的一部分。产品外包装是零售商的身份，并使得零售品牌对于消费者来说更加可视化。这些自有品牌产品不仅在商店的货架中，还要在消费者的家中将品牌价值视觉化，继续向消费者传达零售商的信息。外包装应该清晰地区别自有品牌架构中不同的阶梯，并在平衡消费者的价格和质量观念方面支持零售商。

· 自有品牌包装的发展

20 世纪 70 年代，欧洲多个国家都出现了类品牌（generic label），商店引进了白色、没有任何包装的产品，包装上没有产品的名称，只是用一个总称，如"咖啡"或者"削皮土豆"，来说明包装内的产品。在法国，1976 年家乐福推出了"自由产品"，1978 年比利时的 GB（2000 年被家乐福收购）也推出了"白色产品"，这些产品的包装和实际质量都旨在将价格降到最低。

这种变化，是零售商为了应对制造商品牌或者国家品牌固定消费者价格、垂直价格所做出的回应。通过引进类品牌，零售商可以提供给消费者除了价格更高的制造商品牌以外的另一个选择。然而，对于零售商来说，他们几乎没有任何包装上的知识或者经验，产品通常质量平平。消费者则认为这种品牌因此质量更低。这种产品看起来十分普通，廉价的外包装则加强了零售商的这种印象。公众多年来对类品牌的不良印象，影响了自有品牌的发展。

基于慢慢获得的经验，零售商意识到直接同国家品牌竞争的潜力，从而带来更多的益处，打造消费者忠诚度。零售商开始将注意力放在购物者对于自有品牌的价格和质量认知方面。在此后的一个阶段，零售商意识到了自有品牌在整体营销策略中的重要角色，并开始将市场分割为"良好—更好—最好"架构。他们也利用各个不同的主题来创造独特的自有品牌产品线，以满足购物者的需求。为了能够更清晰地向购物者传达各自的信息，零售商要针对每个市场部分以及每个系列的产品，有一致的、合适的包装设计。

对于自有品牌包装，全球市场都有所不同。西欧有可能是全球最为发达的市场，并且在高档品牌架构和创新方面扮演着领导的角色。而美国在这方面则有所落后，因为杂货市场部分在地区内有所分割，在这个市场内的自有品牌通常指的不是商店，倘若果真如此，那么也缺少一个连贯的伞式品牌架构。

2002 年，比利时的 GB 向比利时消费者提供基本包装的基本产品

在世界各地的许多领域，打造消费者对自有品牌的信心非常艰难，因为购物者十分青睐国家品牌产品。在发展中国家的许多消费者认为，国家品牌和全球品牌的产品质量更高。因此，

多数自有品牌设计倾向于复制国家品牌，旨在通过提高消费者的信任度，来增加市场份额。

然而，他们也应该考虑到自有品牌在打造消费者对商店的忠诚度中扮演着十分重要的角色。因此，以某种方式将包装设计同商店品牌的独特性联系在一起十分重要。十分吸引人的外包装可以增强购物者的信任度，并使得消费者能够购买这一产品。

演变阶段

1　第一阶段：白色标签，质量低下，价格低廉。（20 世纪 70 年代）

2　第二阶段：对领先品牌的复制和模仿，质量中等。在周边的食品和清洁品类内的不易损坏产品。（20 世纪 90 年代）

3　商店旗帜品牌作为伞式品牌，产品质量与国家品牌替代品一致，进入尽可能多的产品品类（21 世纪初）

4　第四阶段：价格细分和"良好—更好—最好"架构（21 世纪初及之后）

在新兴市场，例如中欧和东欧，自有品牌发展尽管十分迅速，但多年来落后于西欧。自有品牌产品仍然处于标准阶段，因此外包装设计必须大力宣传产品的附加价值以获得消费者的信任。

欧洲市场内的自有品牌花费了三十到五十年的时间，发展到如今的自有品牌份额和复杂程度。而在中欧，自有品牌增长的时间远远短于三十年，因为西欧的零售商利用从自己家乡市场获得的知识和经验，进入了中欧。像乐购、家乐福、Jéronimo Martins 和 Albert Heijn 等大型超市快速地在波兰、匈牙利、斯洛伐克以及捷克共和国等国家，推出了自有品牌战略。尽管来自成熟市场的经验会使得新兴市场，例如印度、中国和俄罗斯等快速跳进复杂的自有品牌战略中去，但是这种做法也确实在可预见的未来大幅增加自有品牌的市场份额。当代的零售商市场份额较小，零售结构过于分散，会影响到自有品牌的增长。

自有品牌的包装设计是货架表现成功的一个重要因素，因此对零售商来说至关重要。在零售商与其客户的所有沟通方式中，自有品牌包装是最为引人注目的一个。外包装显示了零售商的身份，使其更具可视性，让零售品牌对消费者来说更加明显。这些品牌不仅在商店的货架上，也在消费者的家中使得品牌价值视觉化，并继续向消费者传达零售商的信息，因此零售商使用清晰以及一致的自有品牌外包装策略十分重要。事实上，自有品牌外包装也可能是零售商将自有品牌产品作为一个品牌推出的合并因素。

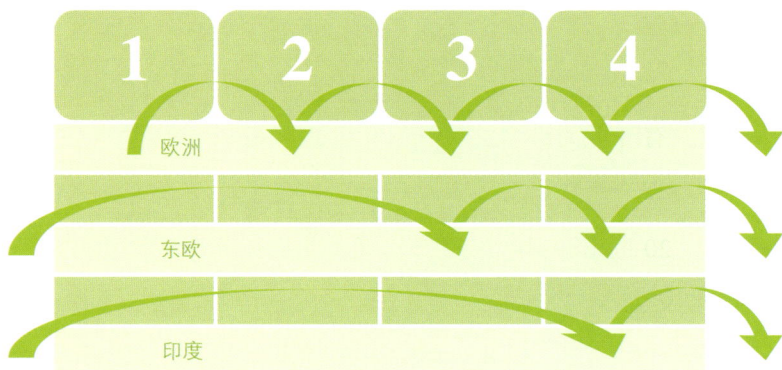

自有品牌战略使新兴市场快速跳进复杂的自有品牌战略中去

· 包装设计的历史

　　自有品牌设计变得十分重要，其中的原因要追溯到 19 世纪末。当时，Mom 和 Pop 杂货店十分常见，外包装也仅是功能性的。外包装保护产品，增加货架寿命，并且使得保存和运输十分便利。

　　食品产业的逐渐工业化和升级也催生出了国家品牌产品。国家品牌在产品外包装上印上品牌名称，使得自己与同其他品牌分开来。这种发展以及 20 世纪 20 年代美国首家自助商店的出现，使得外包装有了一个完全不同的新作用。国家品牌不得不通过他们的外包装吸引消费者的注意，使他们能够购买国家品牌产品。设计者的目标在于通过外包装打造一种"阻滞力"，来提高商店内的可识别度，这就是外包装被称作"沉默的销售员"的原因。

从那个时候开始，含有图案的包装设计发展成为一个独特的领域，有专业的外包装设计师通过文字和图画，给予"沉默的销售员"一个声音。这不仅仅适用于国家品牌，也适用于自有品牌。20世纪50年代，越来越多的零售商开始意识到使用商店旗帜品牌作为品牌名称的价值，这也导致了零售商对商店旗帜品牌的仔细定位，认为相对应的品牌名称十分重要。

AH Basic（良好）葵花油的实物质量同 AH（更好）的质量十分不同。但外包装设计和形状使得购物者十分迷惑，外包装传达了错误的观念，因为良好阶梯产品看起来要比更好阶梯产品质量更高，而价格却传达了完全不同的信息。AH 价格比 AH Basic 的价格高 73%

对于一些零售商来说，自有品牌的快速增长极大地发展了他们的零售品牌。毕竟，零售商可以通过零售商自有品牌增强零售商品牌基础。另外，媒体细分也使得零售商很难将产品送及目标团体。通过合理使用自有品牌，消费者可以不断地接触到这种产品，在店内或在他们的商店橱窗中和厨房里看到这些产品。自有品牌产品作为零售商品牌身份的可视化象征，扮演着沉默的销售员的角色，以文字和图画的方式讲述着零售商的故事。

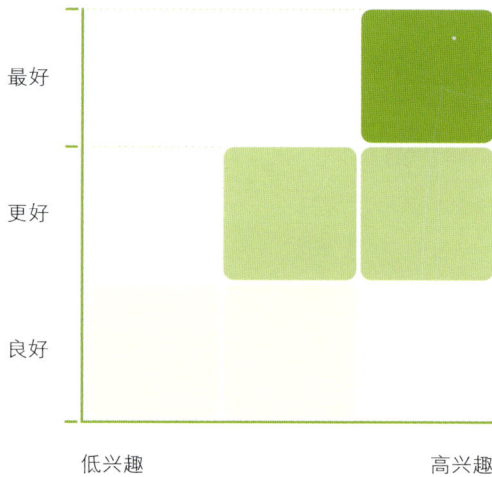

在"低兴趣"类别中，只有"良好"层的产品可能是足够的，而在"高兴趣"类别中，"更好"产品旁边的"最佳"产品将增加购物者的选择，并增加获得品类利润的机会

·阶梯架构中的设计

一个良好—更好—最好的自有品牌架构会区分不同的阶梯，并向购物者传达一个清晰的信息。例如，标准（更好）自有品牌产品的外包装设计可以表示"同领先品牌质量相当，但价格更低"。而廉价（良好）自有品牌则能够传达"此品类内最廉价的产品"的意思。如果良好和更好阶梯产品在自有品牌架构中没有任何区分，产品看起来相似，那么很有可能引发矛盾。这两款产品因过于相近而使得消费者感到十分混乱。

面对成功的折扣店，许多主流零售商很难应对。很显然，他们需要降低把购物者让给折扣店的风险。然而，在同折扣商竞争的同时，主流零售商在自己的主张和产品组合中必须十分透明、保持一致。在所有产品品类中实施良好—更好策略，是不必要的。第十章将会更详细地讨论这方面的话题。当廉价的自有品牌产品质量更低，那么产品包装应该给予清晰的说明，就如同家乐福对其白色无装饰产品的说明，或者森斯伯瑞对其森斯伯瑞 Basics 低廉价产品线的说明。在外包装的正面，应该解释为什么产品价格要远远低于领先的国家品牌，文字说明也应该十分真诚、清晰。

· 定位

自有品牌的定位来自零售商仔细推出的策略，定位也必须符合零售品牌的定位，包装设计则支持了零售商的这一策略，将信息传达给消费者。像 Lidl 和奥乐齐这样的折扣店利用自有品牌来保持长期的价格形象。像乐购和 Albert Heijn 这样的零售商则会选择自有品牌策略，来宣传品牌价值，如质量、灵感和创新等。

零售商会密切关注他们的竞争者，对竞争者在自有品牌策略中所做出的巨大调整进行反应，如果需要，也会迅速地采取行动。例如，在英国、法国和比利时这样复杂的市场中，一个零售商完全推翻其外包装设计后，竞争者通常也会采取相似措施。

在自有品牌包装设计中，多种因素常常会起作用。例如，法国的冷冻食品公司 Picard 不提供国家品牌。这给零售商提供了一个机会，选择更加高档的品牌策略。从这个方式来看，包装设计在向消费者传达产品的高质量上也扮演着重要的角色。高质量的图画在向消费者传达产品的高质量中也扮演着很重要的角色。

另外，德国的折扣店奥乐齐和 Lidl 拥有高档品牌策略，在多个零售商所有的高档品牌之下，只提供有限数量的产品，作为国家品牌的替换物。

法国的冷冻食品专家 Picard 的 "唯一的高档品牌" 自有品牌策略

·硬折扣店产品包装

　　一些硬折扣商的策略是以尽可能低的价格提供高质量产品，他们也取得了令人惊叹的成就，成功地说服购物者，让他们可以完全相信这些品牌，并节省大量资金。在过去，自有品牌包装设计比起国家品牌来，相对较弱，也许是为了传达低价的信息。但是现在，购物者可以完全理解并接受"物有所值"的概念，这使得德国的折扣店得以发展。包装设计水平大幅提升，如今能传达高质量的信息。

　　2012 年，英国的奥乐齐公司推出了每天必需品 Everday Essentials 的廉价品牌，应对超市价值产品系列。该公司创始原则就是提供没有阶梯的标准产品系列，然而标准阶梯的定价却受到来自超市价值系列的攻击。虽然传达了质量信息，但在价格上低于竞争对手，而引进 Everday Essentials 产品系列就是为了反击这一点。有趣的是，在产品引进阶段，奥乐齐公司在乐购为其 Everyday Value 价值系列推出新设计时，暂停了新产品引进方案。奥乐齐公司认为，Everday Essentials 产品设计，相对于乐购来说，十分落伍，需要加速提升其设计以应对英国大型零售商内部的自有品牌的发展。乐购推出 Everday Essentials 品牌四个月之后，奥乐齐公司推出了全新的包装设计。作为策略中的一个例外，英国的奥乐齐公司有三个阶梯策略：Everday Essentials，标准阶梯和 Specially Selected。

购物者完全理解了物有所值的概念后，Lidl 重新推出了 Formil 洗衣液，向消费者传达高质量信息（左侧为 2009 年的 Formil，右侧为 2015 年的洗衣液）

　　包装设计在硬折扣店内对购物者进行导航的过程中所扮演的角色，不同于在主流零售商店内所扮演的角色。第一，零售店内的产品组合有限，通常不会给消费者提供选择，因为他们每种产品只有一种选择。第二，在多数情况下，硬折扣店只提供自有品牌产品，他们通常不需要同知名的国家品牌进行竞争。尽管这样说，在折扣店内，产品的包装设计在将产品的一系列承诺和特色传达给购物者的过程中扮演着某种角色。

奥乐齐只在英国实施了三级自有品牌策略。奥乐齐的 Everday Essentials 以及乐购的 Everday Essentials 价格相同（均为 0.65 法郎）。奥乐齐的标准自有品牌 Rio D'Oro 声称自己的橙汁是"非浓缩还原汁"，而乐购橙汁却是浓缩还原汁

2012 年以来，英国的所有零售商已经升级了他们的廉价包装产品系列的设计。与此同时，产品的内在质量也有所升级，产品的口味在多数情况下有所提升，并移除了一些味精（MSG）和氢化脂肪。重新发布产品是试图让消费者在货架上购买廉价

商品时不那么尴尬，让他们成为明智的购买者。

·目标群体

在制订自有品牌战略时，目标群体导向也可作为一种选择。全球零售商 Metro Cash & Carry 就是其中的一个例子，它针对专门客户，选择调整自有品牌，以满足一些特定目标群体的需求。例如，这家公司在其经营业务的 29 个国家，选择 Horeca Select 品牌，为专业厨师提供厨房用具。餐馆、咖啡厅和酒吧则才采用 Rioba 品牌作为咖啡界的高档替代物。H 产品线专门针对在小型旅馆和居住场所，客人来访时相关的产品（例如桌布、红酒杯、个人护理产品和被单枕套）。推出的各个品牌都有自己的外包装设计，Metro Cash

自有品牌包装设计的发展实例

包装设计要求经常维护设计，这适用于自有品牌架构中的三个阶梯

不存在

最好　　　　　　　　　　2004

更好　　　　　　2000 状况　　　　2004

良好　　　　　　　　　　2003

174

目前

10/2011

高档

2012

国家品牌替代物

06/2010

04/2013

入账价格

& Carry 能够为特定的目标群体提供相应的产品。

· 心智空间和品类代码

一个品牌是消费者在想到一个产品或者一种服务时大脑中所有联想的总和，而积极的联想被叫作消费者的心智空间。对于自有品牌设计者来说，对顾客心智空间的深入了解十分重要，这使得他们能够在设计中包括这些元素，以进入消费者的心智空间。除了这种心智空间外，还有颜色品类代码，这些代码很早之前就用来解释产品的不同种类。对自有品牌包装的设计者来说，在设计外包装时将这些心智空间和品类代码考虑在内十分重要。因为如果被轻易模仿，会让消费者感到混乱。如果自有品牌被误认为是国家品牌，而消费者在家中才发现这一产品并不是国家品牌，那么消费者会感到受骗而十分愤怒，这对整个商店的形象有不良影响。有调查已经显示，对于国家品牌的一些模仿会让消费者感到厌恶，而不同的外包装形式，确实也十分成功。

外包装设计应该帮助购物者做出清晰的决定，并支持商店的形象。设计清晰又一致的外包装，可以提高自有品牌在便利商店中的可见度。在一个"良好—更好—最好"架构中，不同的阶梯应该结合在一起，为购物者进行店内导航。法国零售商 Systéme U 就是一个提供良好导航的例子，通过使用一种简单又一致的公司标志，外包装设计获得了可见度和阻滞力。

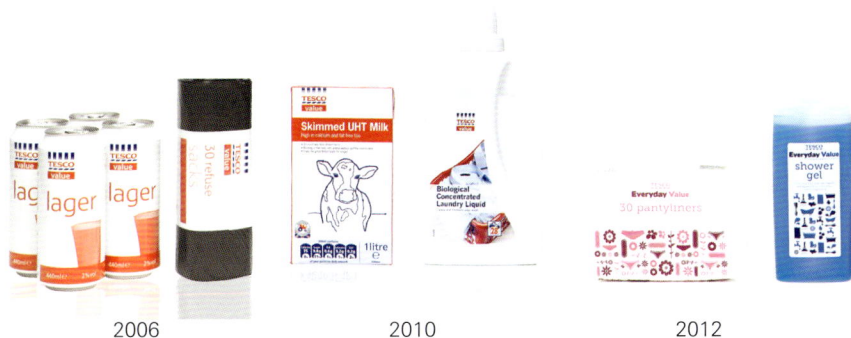

2006　　　　　　2010　　　　　　2012

2012 年以来，英国的所有零售商升级了廉价包装产品系列的设计。在过去的七年中，乐购三次重新推出了价值产品系列

· 阶梯架构的价值

一个经过良好发展的自有品牌阶梯架构，会帮助消费者平衡价格和质量认知。增加一个高档的产品线（例如森斯伯瑞的 Taste The Difference）扩大了价格和质量范围，使得消费者能够将产品放在更高的自有品牌阶梯中。以这种方式，零售商可以向消费者解释产品为什么价格更高，并被放在高档阶梯内。如果自有品牌架构缺少一种阶梯，可能导致消费者认知上的价格、质量比例不平衡。那么消费者就有可能在结账时，不情愿地认为所有的标准自有品牌产品都价格过高。又或者他们会在家中

发现产品劣质而感到失望。

· 超市内导航图

为了给自有品牌架构中每个阶梯一个独特的外包装，设计师使用超市内导航图（the grid），它包含了外包装设计组成的一些固定元素，并能够在整个品类以及商店内增加自有品牌的识别度。对于这个地图内一些固定的元素，例如商标、字体、颜色搭配以及图案和文字的比例，都在所谓的设计手册中确定了下来。自有品牌单位库存量以及在地图中确定下来的固定元素之间有一种联系。最基本的是，库存量越小，导航图中的元素越多，或者，如果自有品牌库存量多，可以使用一个更宽松的导航地图。

· Systéme U

Bien Vu 系列产品的库存量有限，在商店内可视度较小，因此包装设计必须保证在整个商店中这款产品的最大识别度。要实现这个目标，他们可以使用一种包含许多固定元素的店内导航图。例如，在这一区域内部，将这款产品的商标同产品名称联系起来，或者说，圆圈的颜色要符合背景颜色，商标要在产品的固定位置。产品名称的字体和空间也是固定的，这种自有品牌有十分简单、几乎最小化的设计，强调了产品的价格定位。而没有任何装饰的图片组合以及一个比较简单的说明，可以告知消费者这个品牌比较现代化。这种给消费者的性价比体验，加上一些现代化元素是自有品牌目前的一个目标。

相对来说，更好阶梯的替代产品 Les Produits U 在整个商店内的货架上可视度大大提高，而与国家品牌进行竞争。出于这个原因，这些产品的设计要求十分宽松，允许设计者发挥创造力。这使得店内陈列十分吸引人，因此提升了商店形象的吸引力，也使得设计者能够同步地将其与品类内通常所使用的代码联系起来。

Bien Vu!

1. 此图标位于品牌顶端，调整大小以适应于品牌名称大小
2. 此品牌同这一系列产品的产品名称，因字体一致而有所关联，圆圈的颜色同背景色搭配
3. 背景一直是填充色
4. 朴素、无任何装饰的图片同简单的线性说明结合

1. 这个有力的图标出现在外包装的正面，是所有产品的结合点
2. 包含图标和产品名称的清晰外包装阶梯让购物者感觉十分可靠，加强了整体产品的沟通
3. 产品名称、字体以及整体颜色搭配同产品品类相连
4. 必须有高质量的照片，以清晰地展示产品或者食材

· SPAR 案例

SPAR 公司创立于 1932 年，自此之后在全球广泛传播公司理念。目前，SPAR 零售商在超过三十五个国家经营业务。

在荷兰，SPAR 有四百个以上的中小型便利商店，大多数处在小村庄中。在当地的社区内，尽管市场份额有限，但 SPAR 确实扮演着十分重要的社会角色。

由于荷兰零售行业快速变化，这家零售商考虑重新确定它的总体品牌策略。尽管 SPAR 意识到不能宣称自己的产品是价格最低的，但是很显然，这家零售商不得不将其品牌承诺更清楚地传达给消费者。在经过一项重大分析之后，SPAR 决定宣称自己是最好的便利商店。

2011 年 6 月，SPAR 邀请零售品牌设计公司 Yellow Dress Retail（YDR）为其品牌产品重新设计外包装。SPAR 进行了清晰的公司介绍后，YDR 选择了一个新的视觉身份，帮助公司传达沟通策略。总体上来说，外包装被视为传达给消费者信息的最重要的载体，这不仅适用于店内沟通，也适用于促销活动。

新的包装设计必须在把产品承诺传达给消费者的视觉体验过程中扮演中心角色。这个目标使得这款品牌产品在店内更加可视化，并向消费者传达信息，即这款产品是对价格更高的国家品牌的一种更吸引人的替代物。早期的调查显示，尽管 SPAR

提供的不是市场中价格最低的产品，实际的价格差距却小于消费者能感知到的差距。人们认为，由于经济下滑以及相应的对价格敏感度的提升，SPAR 自有品牌积极地影响了消费者的价格认知。

尽管 SPAR 提供了国家品牌的质量同等替换物，但其自有品牌产品表现低于市场平均水平。另外，人们承认 SPAR 自有品牌产品在商店内的可视度还不够。这一点很重要，因为它支持了对重新发布产品上的投资。毕竟自有品牌比国家品牌产品，给零售商带来的总利润更高。事实上，其他零售商的自有品牌产品市场份额低于平均水平，并直接与 SPAR 进行竞争，这些零售商也在采取一些措施缩小差距，所以 SPAR 采取一些行动更加重要。由于自有品牌的营业额比国家品牌带来的利润更高，表现好于平均水平的竞争者也会获得竞争优势。

一项消费者调查显示，主要客户认为 SPAR 自有品牌的现有设计五颜六色，是品牌产品的一个良好替代物。然而，清晰的一点是，自有品牌的设计清晰度还不够高，设计并没有包含所谓的货架力量。另外，调查还确认了，这种外包装设计在购物者在店内货架前做决定时，不能够劝服他们选择自有品牌。这是一个很大的缺点，因为消费者选择哪种产品，80% 都是在店内决定的。尤其是主要顾客认为自有品牌相对于国家品牌来说是一个性价比较高的替代物，这一点十分重要，因为许多 SPAR 零售店的购物者并不一定要购买自有品牌。

旧包装

1. 小图标缺乏阻滞力，尤其是小型包装上的小图标
2. 字体缺乏可读性，导航不清晰
3. 包装上的多层图片转移了消费者对产品的关注
4. 产品导航面积过大，对产品介绍过少
5. 很难打造消费者的心智空间

新包装

1. 清晰的包装阶梯
2. 有力的图标，阻滞力
3. 字体、图片位置灵活
4. 整体关注价值较高
5. 有心智空间和品类沟通
6. 产品信息位置固定

　　为了劝服这些消费者团体，这项调查做出结论，外包装设计必须使产品从货架中跳出来，尤其是 SPAR 经营的是比较小型的商店。要高效竞争，需要有一个品牌性价比更高的外包装，能够向消费者传达信息，这款产品是性价比较高的国家品牌的替代物。

　　基于以上所有原因，YDR 选择了一个已经经过证明的方案。首先，YDR 对国内外 SPAR 竞争商店内的自有品牌进行分析，此外，也对国内外 SPAR 竞争商店内产品的包装进行视觉分析。根据情绪板的一些原理，YDR 准备将四种概念加入产品的新包装，以符合 SPAR 产品介绍会的信息。同客户的进一步沟通和讨论，使得艺术设计师能够进一步分析介绍会上的信息。最终，基于这些概念，YDR 设计了四种外包装，并从中选出了一种新设计。与此同时，对于在外包装上使用的 SPAR 标志，SPAR 公司也重新进行了考虑。

　　SPAR 公司的标志最初是在 1968 年由一个知名设计师设计的。这个设计师同时为 Shell、Exxon 和 Greyhound 等公司设计图标。尽管 SPAR 的商标没有过时，而且有巨大的阻滞力，但商标却没有在外包装设计上被广泛使用。通过改变外包装设计，产品在商店内的可视度大大增加。新的商标旨在获得货架力量，灵感来源于已经有八十年历史的 SPAR 最初商店的氛围。当然，外包装设计仅是一个大计划中的一部分，这个大计划就是打造自有品牌。SPAR 在额外的自有品牌沟通方面做出了巨大的努力，除了进行沟通和促销，甚至还暂时引进了一个 SPAR 快闪店，仅提供 SPAR 自有品牌产品。

SPAR 截至2014年，自有品牌市场份额显著增加

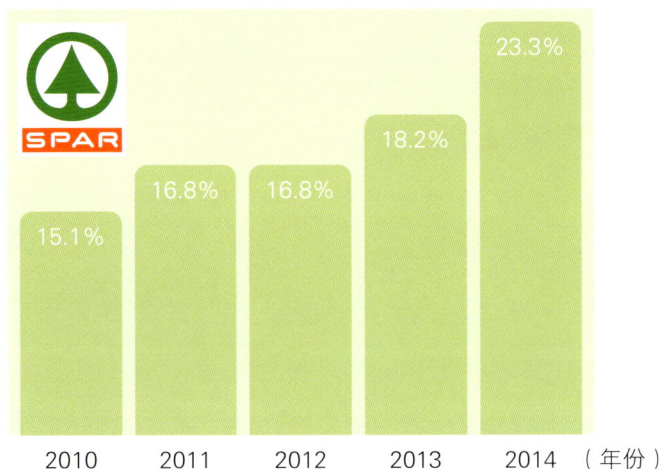

来源：GfK 2015

通过将品牌新策略以视觉化形式融入新的、一致的包装设计中，SPAR 在一个竞争激烈的市场中增加了其自有品牌市场份额。

第十章
折扣零售商

总结

　　由于经济下滑，欧洲折扣店快速取得了巨大成功，折扣店的零售模式成功地在价格、质量一致性和简洁方面脱颖而出。最初，这些看起来十分廉价，没有任何装饰的商店只吸引那些收入低的人群。如今，这种概念更加被人接受。那些收入高的群体也涌进了折扣店。折扣店在零售行业不断取得进步，现在也提供新鲜和高档产品，而主流零售商的表现却不佳，并努力降低他们同折扣店间的价格差异。接下来我们将讨论折扣店如何经营，为何主流零售商发现同折扣店概念进行高效竞争十分困难。

· 折扣商业模式

折扣店是以价格低于一般市场价值的价格销售产品的零售店。它的产品组合，关注价格而非提供给消费者多样的选择和服务。

越来越多的折扣店成为欧洲市场内杂货零售样式中最成功和最有活力的样式。这种独特的概念建立于 1962 年的德国，在 2014 年，德国折扣店的市场份额超过 40%。在过去的五年中，折扣店在大多数欧洲国家都取得了巨大的成功，而且是增长最快的零售样式。其平均市场份额达到 15%。

欧盟硬折扣店的市场份额

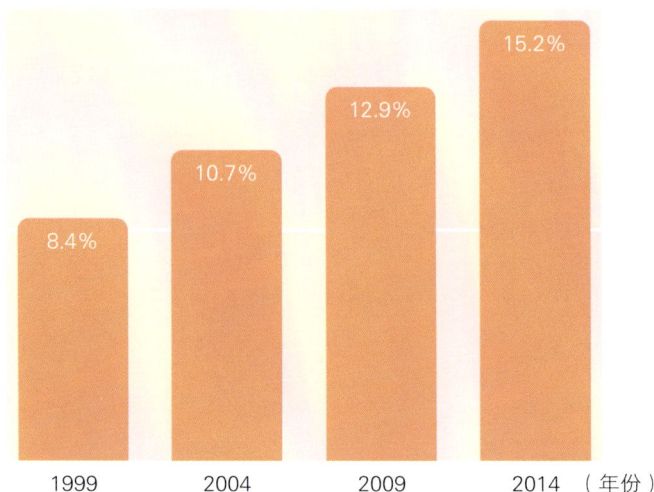

8.4%	10.7%	12.9%	15.2%
1999	2004	2009	2014 （年份）

来源：Planet Retail 食品零售样式数据分析 2014 年 12 月

在 1990 年，奥乐齐折扣店进入了英国市场，但是很长时间内，并没有取得任何显著的成功，这主要是由于大型零售商，例如乐购和森斯伯瑞，通过提供廉价的自有品牌，使折扣店很难进入市场。然而在 2014 年，由于市场的结构性变化，英国的杂货店销量在二十年内首次有所下降，人们认为其主要原因是折扣店数量的增长，这些折扣店只关注自有品牌的发展。本章将讨论硬折扣店样式，并具体阐述它们的自有品牌策略。德国的奥乐齐是折扣店的领头羊，但有关这家店的讨论甚少。这就是为何在本章我们将仔细研究这家店，因为奥乐齐为许多跟随者立下了一个折扣模式，尤其是为奥乐齐的宿敌 Lidl。

演变

1913 年，Karl 和 Theo Albrecht 的父母在德国西部城市埃森（Essen）开始经营一家小的零售店。1946 年，两兄弟从母亲手中接过这家商店，并将它扩展成拥有十三家店的连锁店。几年之后，低价的原则被加入一个小的产品系列中。1961 年兄弟俩将所有的商店分作南方和北方经营单位，主要是为了以后经营时，不需要在所有事情上都要达成一致。与团队领先相比，他们更希望各自领先。

自此之后，奥乐齐南和北无论在国内还是在国际都有所扩张。奥乐齐在进军德国以外的市场时，所采取的第一步措施，是在 1968 年收购了澳大利亚的 Hofer，如今合并组织已经在十七个国家进行经营。奥乐齐在以"少就是多"为原则的硬折扣领域起了带头作用，或者，就像公司对美国公众解释的那样，"你不能吃装饰品，那为什么要为它们付钱呢？"受到了奥乐齐成功案例的鼓励，德国其他主要零售商也在 20 世纪 70 年代早期复制了折扣店样式，并将这种样式融入他们现有的商业模式中。像 Rewe Group、Schwarz Group、艾德卡超市连锁店，现在都有了自己的折扣商店，它们分别为：Penny，Lidl 和 Netto。

1980 年，折扣概念也开始进入欧洲的其他地方。挪威引进了 REMA，丹麦引进了 Netto，法国引进了 Dia，荷兰引进了 Basismarkt，之后，法国又引进了 Leader Price，波兰引进了 Biedronka。

在所有的模仿者中，建立于 1973 年的 Lidl 成为在国内和国际上都十分成功的折扣店。如今，这家折扣店在欧洲的二十六个国家进行经营。Lidl 也被视作一个野心勃勃、打破规则的经营商，也使得 Karl Albrecht 在逝世前不久说"没有 Lidl，我们可能已经睡着了"。

国际扩张

硬折扣零售商的目标是以尽可能低的价格提供每日必需用品，同时维持高质量标准，因此折扣店所有的资源和关注点都放在了这个战略目标上。

奥乐齐和 Lidl 两家零售商都在欧洲和其他地方有了扩张，尽管他们采用的是不同的组织模式。奥乐齐公司是分散式结构，而 Lidl 公司市中心是集中式结构。这种折扣模式十分适合复制到新的领域中，因为其中传达的信息十分简单：以非常低的价格提供良好、质量一致的产品。最初，在多数国家，那些看起来十分廉价、没有任何装饰的商店只吸引收入较低的人群，然而随着性价比概念被人更加熟悉，被越来越多的人接受，那些收入更高的人也涌进了折扣店。也由于外部（经济下行）和内部（产品组合）变化，商店形象逐渐有了提升，折扣店也已经成为每个人的商店。除此之外，折扣店也使购物者相信，在十分相像的商店内，限制一定数量的库存产品，可使一个折扣店高效工作，且保持低廉的价格。

与此同时，调查已经确定，一些硬折扣店的市场份额在多年的经济扩展中稳定增长，在经济下滑中却在加速增长，使得主流零售商永久地失去了市场份额。而经济下行的一个主要结果在于，消费者逐渐转向在折扣店购物，因为他们更加关注价格，也更活跃，所以很有可能改变他们的购物行为。

资源采购

奥乐齐公司是分散式结构，各地管理层完全负责当地市场，包括资源的获取。他们的重中之重就是创造适合当地市场需求的产品组合，只有在第二个阶段才会调查为多个国家提供统一资源的机会。这样的结果是只生产了寥寥可数的国际和当地的高档品牌。奥乐齐比利时公司就是一个例子，这个公司共有一百二十二个名称，而其中只有二十一个被列为德国奥乐齐北部公司，因为其产品包装甚至品牌商标都是不同的。

各个国家的硬折扣市场份额

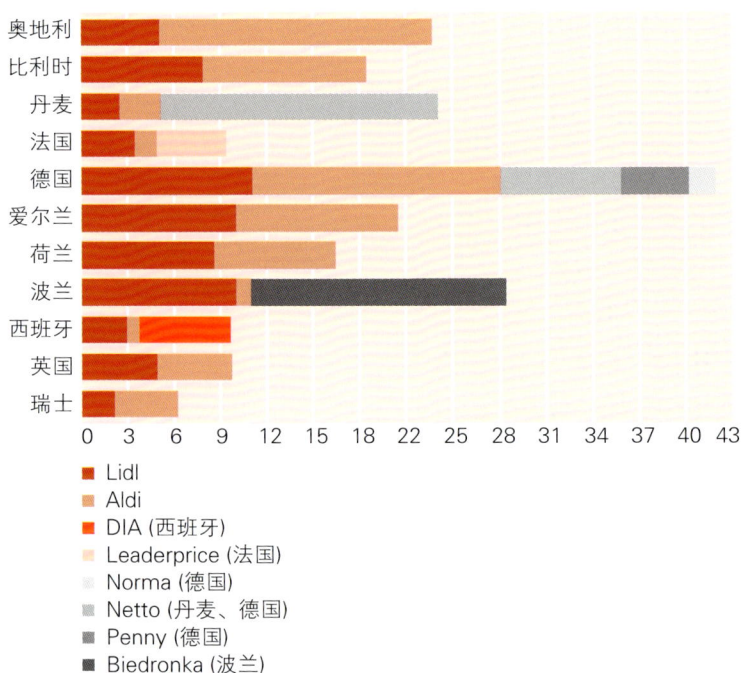

来源：英国：Kantar Worldpanel；德国：Trade dimensions；其他：Planet Retail

西班牙的Lidl资源愈加当地化

	2008	2012
Total SKU's in permanent range	1,180	1,420
SKU's of Spanish origin	38%	56%
Lidl total Spanish sourcing volume in € billion	2.04	2.5
Of which is exported	53%	48%

Lidl 公司采购的资源愈加来自当地。公司的采购集中化结构，是尽可能多的自有品牌产品从当地进行采购。在地区集群的情况下，允许在包装上使用多种语言，从而拉动规模经济。由当地的供应商提供新鲜食材和基本的奶制品。

Lidl 公司的采购策略似乎在不断发生变化，因为要不断适用于当地的需求，通过这样做，他们可以将公司发展成为当地生产商的一个积极支持者。例如，在西班牙，Lidl 公司决定从当地制造商处采购更多的产品。

在每一个 Lidl 公司经营业务的国家，当地管理者都负责购买整个产品组合。Lidl 公司对于国家品牌和自有品牌有不同的购买者，而奥乐齐公司对于两种品牌都仅有一种购买者，这是由于国家品牌相对来说市场份额较低。

自己制造

如同多数其他零售商一样，折扣店通常不会自己参与到制造过程中来。其中的一个例外就是拥有自己的咖啡烘焙设备的奥乐齐公司。2006 年，Lidl 公司的矿物质水和软饮料供应商 Mitteldeutsche Erfrischungsgetrànke（MEG）停业，奥乐齐因而自愿成为一家制造商。为了保证持续的供应，奥乐齐公司合并了 MEG 制造商，之后成为德国软饮料市场中仅次于可口可乐的第二大制造商。同时，Lidl 在德国与比利时的边境建造了两个工厂，生产巧克力和烘烤类产品。

·低廉的价格

有限的产品组合

商店内库存管理和货物补充方面的成本，是商店总成本的一大部分。产品组合规模越大，维修的费用越高，这就是折扣店会减少产品组合的原因之一。从 20 世纪早期一直到 90 年代后期，奥乐齐 Süd 零售商提供的产品品类保持稳定，最多不超过五百种产品。为了给购物者提供更多的选择，奥乐齐商店使用混合纸盒产品（mixed cartons），提供各种产品种类。在很长一段时间内，即使店内装有冰箱和冰柜，产品组合方面的选择，对于库存量单位的数量也没有影响。这些投资主要是为了给顾客提供一些更贵、更高端的产品，而不扩大产品种类。例如，货架稳定的（shelf-stable）酸奶被鲜冷产品取代，或者罐装的青豆被冷冻食品所取代。由于奥乐齐北公司的非中心化结构，公司可以进行调整，以适应地区客户的偏好。在一些情况下奥乐齐公司要求供应商提供不同地区的产品，以适应购物者的口味偏好和需求。这些产品包括酱汁、水果酸奶、腊肠和酸菜。

奥乐齐公司限制店内库存量单位的另一个原因是，公司不存在手动定价体系（早期不存在条形码）。店内员工经过训练，能够记住所有产品四位数字的 PLU 码。扫描器出现之前，公司使用的是传统收银机，而奥乐齐的工作人员平均每分钟能数一百二十个产品，比这种收银机要快得多。

在自动扫描机出现之后，奥乐齐公司才有机会使它的产品组合增加到一千多种产品。在一个产品品类中，主要产品组合有限的一个重要影响是，产品每单位库存流量较高。由于这种做法的目标是在一个星期内售完所有产品，通常为期三十天的支付条款，因而保证了公司的现金流，让公司在不申请银行贷款的情况下就能进行资金扩张。

降低购物者的压力

折扣店的布局和产品的摆放十分一致，通常长时间内不会有变化。超市和特大型超市里的产品组合越来越多，提供的产品琳琅满目，而折扣店内的产品，数量有限，而且减少了产品组合，每天提供有限数量的低价产品，这对购物者来说如释重负，这种布局下更容易为购物者进行店内导航，减轻了购物者的压力。Rheingold 研究所的心理调查显示，折扣店使得许多购物者避免了选择产品的痛苦。根据这项调查，如今的消费者认为价格是产品多样性的一部分，而现实也是如此，在西方国家的市场中，绝大多数产品的基本质量一直很好，或者至少整体上十分令人满意。这并不是说价格本身决定了消费者的选择，但是价格确实是一个导向因素。

另外，购物者也在寻求一个快速又简单的购买过程。收入更高的顾客，如今更喜欢奥乐齐和 Lidl 公司，因为消费者认为，相比于乐购和森斯伯瑞超市，在这两家商店中，更容易进行导航、快速购物。相对于传统的商店，这两家折扣店内的产品更少，许多购物者也更青睐他们这样做。

不断降低成本

在整个零售体系内，零售商都在不断地关注如何降低成本。如果可以或者适合的情况下，零售商把软饮料、牛奶产品、卫生纸和清洁剂等产品摆放在一个或者半个货盘上，这些产品不会用于促销展示，也没有来自制造商代表的考察。而这些活动也被严格禁止，因为它们会使商店内的工作人员在工作中分心。店内人员应该专注于店内产品的补充和检查货品，顾客有要求时，员工才能够停止他们的工作去服务顾客。过去，这种做法通常会引发关于店内工作人员工作压力过大或者工作环境过差的讨论。

长期以来，奥乐齐公司的收银员必须记住多达八百五十单位量库存产品的 PLU 条码，而扫描器引进之后，奥乐齐开发了一

种适合自己的独特体系，该体系同无人自助收银机一起，完美
地回应了公司的需求。为了快速实现条形码的可读性，缩短收
银时间，奥乐齐决定在一打包装的产品上印上四个条形码，或
者在外包装上印一个大型的条形码，这使得奥乐齐零售产品的
扫描时间在零售行业中最短。

自有品牌架构

除了英国的奥乐齐公司这一个例外，其他折扣店都不会采
用主流零售商所使用的三级阶梯自有品牌策略。为了能够管理
产品组合结构，他们使用一系列不同的高档品牌来暗示消费者
拥有其他选择，这与主流零售商有所不同，主流零售商在多数
情况下，会使用他们的商店旗帜品牌，给他们的自有品牌产品
组合贴上自己的标签。使用自己商店旗帜品牌名称的折扣店只
有 Dia、Penny 和 Leader Price 这些商店。

Penny 是将商店旗帜品牌印在产品包装上的少数折扣零售商之一

零售折扣店所使用的高档品牌数量各有不同。例如，奥乐齐 Nord 公司在食品和非食品类中都有一百多种产品，有些产品被进行了很好的管理，例如 Moser-Roth（巧克力）和 Tandil（洗衣液）等。而有些产品只是被用来告诉消费者他们有其他选择。例如，在白色奶制品类中，奥乐齐提供了六种品牌：Milsa、Milsani、Grazil、Mbeierkamp、Sontner 和 Ursi。而 Lidl 只有一种乳制品品牌：Milbona。

Moser-Roth 巧克力是欧洲所有商店内提供的唯一的奥乐齐自有品牌产品

高档自有品牌

与此同时，多数欧洲折扣商也在店中推出了高档的自有品牌，来吸引收入更高的购物者，以提高获益率。英国的奥乐齐公司是折扣零售业的领先者。在 2005 年，奥乐齐推出了

Specially Selected 产品系列。而为将这一概念应用于德国市场，奥乐齐南公司花费了两年多的时间。在 2007 年圣诞节期间，奥乐齐在德国的所有商店推出了 Gourmet Line 这款产品组合。

2009 年，高档自有品牌对于多数折扣零售商来说已经十分常见，多数零售商增加了在这些产品线上的投资。Lidl 推出了 Deluxe 和 Delicieux；Biedronka 推出了 La Speciale；Penny 推出了 Mein Fest；Netto 推出了 N-Premium；奥乐齐南推出了 Freihofer Gourmet。通常，这些高档产品线被用于圣诞节和复活节时的季节推销，但也有一些例外，英国的奥乐齐公司在一年的任何时候都提供这个产品，并在节假日期间储存其他的产品；奥乐齐南推出了 Genuss der Saison，在四个季节内提供高档食品。

英国的奥乐齐公司是折扣零售业的领先者。在 2005 年，奥乐齐推出了 Specially Selected 产品系列。为将这一概念应用于德国市场，奥乐齐南公司花费了两年多的时间

奥乐齐北在德国的 Freihofer Gourmet 产品线

· 质量高、质量一致

　　为了赢得消费者的信任，奥乐齐和其他折扣店需要提供高质量的产品。早些时候，这意味着要一丝不差地复制国家品牌产品，以避免一些风险。国家品牌的产品经过良好测试并被市场接受，因此以极其低的价格对国家产品进行复制，而且提供同等替换物的风险不大。其中的挑战在于，要找到能够以非常低的价格持续提供这种高质量产品的制造商。质量管理是品类购买者的责任，外部测试实验室也会协助进行质量管理工作。多年来，奥乐齐提供的产品已经赢得了消费者的信任，如今消费者认为奥乐齐产品质量很高。

　　多个消费者组织，例如 Stiftung Warentest（德国）和 Consumentenbond（荷兰）等都采取许多测试证明了这一点。任何在奥乐齐店内购买产品的消费者，若对它的质量不满意，把产品退还到商店后，会立即得到退款。奥乐齐所提供的产品，通常被消费者视为质量非常高的产品，这已经成为奥乐齐将产品扩展到更加复杂和高端水平上的一个前提。

由于店内产品组合有限，产品的流动率较高。在折扣店内销售的产品量巨大，尤其是生鲜食材，折扣商从高水平的流动率中获益居多，这使得折扣商可以在新鲜食材领域不断发展，表现优于主流零售商。例如 Lidl 公司连续五年被评为荷兰最佳水果和蔬菜超市。

德国折扣行业国家品牌和自有品牌的市场份额

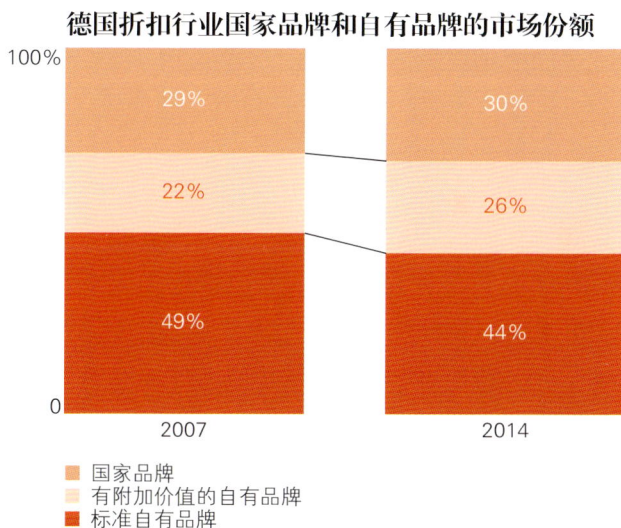

在德国市场，折扣商有附加价值的自有品牌产品市场份额增加，标准自有品牌市场份额下降

来源：Gfk ConsumerScan，Aktuelle Trends im FMCG—Markt und im LEH/2014 年 8 月 20 日

质量敏感型消费者，更喜欢购买此前购买过的品牌，这种现象被称作品牌转换惰性（inertia to brand switching）。然而，一旦这些消费者购买了自有品牌产品，并认为产品的质量较高，从而感到十分满意，他们就有可能继续光顾那家商店，并继续购买这种产品。缩短同国家品牌之间的认知质量差距是折扣商推动自有品牌销量最有效的策略，第二有效的策略就是增加价格差距。折扣商能够在两种策略上都取得成功，因而能够吸引质量敏感型和价格敏感性的消费者。

· 简单方便

供应商关系

通常来说，在折扣店整个组织中都有高度的标准程序和决策过程。每年对供应合同要进行重新协商，尽可能地简化购买过程。零售商与供应商间的沟通十分简单，最大限度地减少个人来访，以将双方的交易成本保持在很低的水平。如果签订了合同，对制造商来说，通常在后期就不会有很多意外情况发生。这与主流零售商的通常做法截然不同，主流零售商即使在结束了合同讨论之后，也会从他们的供应商那儿赚钱。

同供应商之间长期稳定的关系可以创造效率。除非在有关质量、价格或者运送速率方面存在严重的问题，否则折扣店会一直倾向于同现在的供应商合作，因为更换供应商耗费时间、增加成本。折扣店的订单和订货量十分稳定、可以预测，因为他们没有促销的高级规划以及补充程序。另外，他们的支付款项按时发放。在实际情况中，我们获取了经验，尽管折扣商和供应商之间的协商会十分困难，而且折扣店要求苛刻，但是自有品牌制造商仍愿意同他们合作，其中的原因如上。

创新

由于国家品牌最新的创新产品，对折扣店来说并不是立即可以接触到的，因此折扣店必须自己保持活跃并进行创新，或者模仿最新引进市场的产品。折扣店内的产品相对于主流零售商来说要少得多，一款产品在折扣店内为每一千到一千八百库存量单位，而主流零售商则为两万库存量单位。因此，货架上新引进的产品在折扣店看起来更加明显。调查已经证实，新产品在折扣店中受到消费者关注的概率更高，因为它们使购物者不会因为琳琅满目的产品而感到不知所措。

一些国家品牌制造商在推出制造商品牌下产品之前，甚至会在奥乐齐或者 Lidl 公司试行新的概念，以获得购物者反馈（例如，Kühlmann 测试了奥乐齐南的冷冻速食品类中的 Cupito 沙拉混合杯）。

折扣店店内产品组合有限，要求公司仔细了解顾客真正需要的物品，因此每次在引进新产品或者新品类时，折扣店都要仔细研究。研究有两种方式，在一些分销区域内进行三到六个月或者一周的地区测试，快速测试市场。由于产品组合有限，新的产品会自动在店内得到足够的曝光率。

有许多例子可以证明由于折扣店的创新，一些新产品成功地进入零售市场。2001 年奥乐齐德国是首个推出冷冻香辣土豆块儿的零售商，由于产品快速取得了成功，许多德国零售商模仿这种做法，使这种产品快速遍及欧洲市场。此后，一些品牌制造商，如 McCain 和 Aviko 等，才在自己的品牌下提供这款产品。2013 年。Lidl 公司在德国市场推出高质量的纯白猫砂。在当时，这款产品对于零售购物者来说还是比较陌生的。由于消费者接受度很高，这款产品在欧洲大量销售，成为当时市场上此类产品的一个标准。

Lidl 公司策略创新

由于产品销量大，Lidl 公司能够以比主流零售商更低的成本采取一些行动。例如，内外促销是很容易采取的措施，而且在 Lidl 公司内推出的频率更高。Lidl 公司通过使用其在欧洲的商店网络和采购体系，采购一系列产品。每个国家的畅销品都被用来专门针对以这个国家为主题的促销。例如，在荷兰的 Lidl 会在意大利周提供一系列典型的意大利畅销品。如果荷兰的 Lidl 公司团队认为产品受到荷兰购物者的欢迎，采购过程就十分简单，因为 Lidl 公司已经同现有的荷兰供应商建立了关系，产品在荷兰销量很大。他们能够在促销阶段，专门投资购买一些特殊的包装材料。如今，主流零售商甚至其他折扣店都似乎还没有找到应对 Lidl 公司这一竞争优势的办法。

其中的一个例子为：2013 年的西班牙周，Lidl 推出的产品组合，Lidl 包括来自西班牙制造商的五十库存量单位产品组合，在其他二十五个国家内开展活动，获得了 1300 万欧元的营业额；2014 年，Lidl 又推出了同样的促销活动，产品组合 220 库存单位量，仅在一周之内就带来了 1.6 亿欧元营业额。

奥乐齐和 Lidl 似乎是凭直觉进行创新，创新成本也比较低，更重要的是，他们的这些活动取得了成功，而且成功的速度很快。2014 年，奥乐齐赢得了八枚金牌和十枚银牌，而 Lidl 表现更佳，获得了十枚金牌和十四枚银牌。因为这些折扣店的产品组合数量有限，这些都是十分令人惊叹的成就。

零售商、硬折扣店的利润收益与损失对比

单位：%

	零售商	折扣店	折扣店优势
毛利润	30.9%	19.1%	−11.8%
营销成本	−25.6%	−11.2%	
商店贡献	5.3%	7.9%	2.6%
间接费用	−1.7%	−0.9%	
EBITDA	3.6%	7.0%	3.4%

来源：Joel Rampold, Oliver Wyman Labs, blog industry voices, in Supermarket News, 2014 年 11 月 24 日

折扣店对自有品牌的关注

奥乐齐对自有品牌关注的背后原因很简单。德国存在着一条维持转售价格的法律，意味着零售商不能以低于品牌制造商定价3%的价格售卖品牌产品。1974年，德国取消了这一法律。由于零售商能够对产品进行打折以使定价过低，品牌制造商拒绝继续供应货物。自有品牌使得奥乐齐有机会绕过这一情况，完全控制零售价格。另外，自有品牌成本更低，消费者的花费也较少。折扣店也能够单独决定产品的质量、包装样式、大小以及物流条件，更好地适应他们的供应链。很长一段时间内，折扣店的最大挑战是找到合适的制造商。

为何折扣店会关注高档品牌

在多数情况下，折扣店使用高档品牌，是为了同那些主流零售商的商店旗帜品牌竞争。这样做是为了让产品组合更加结构化，并向消费者传达一个信息，即在许多自有品牌中，消费者还是有一个选择。最初，只有很少数国家品牌在试着供应产品，但是在奥乐齐所在的国家，情况有所变化，例如德国和比利时。然而为了使消费者的直接比较更加困难，这些品牌提供不同的包装，所有的折扣店都坚持每天低价（Everyday low price）的策略。针对这种策略，Karl Albrecht表示："客户将认为奥乐齐所提供的产品是全世界最便宜的。"

· 主流零售商回应折扣店

在本章开始，我们提到折扣店在过去的五年中，在欧洲取得了巨大的成功。在欧洲范围内，折扣店是目前增长最快的零售样式，折扣零售商成功地在价格、质量、一致性和简洁方面进行竞争。为此，欧洲的许多主流零售商扩展或者重新推出他们的廉价自有品牌产品线，降低输给折扣店的风险。

同折扣商进行竞争

硬折扣商业模式同传统的、提供所有产品系列的零售商不同。产品总利润过低，使竞争者无法在价格上进行竞争，但是他们也不断地试图这样做。由于折扣商的效率不断提升，尽管产品利润很低，折扣店也取得了巨大的收益。第 208 页的图表大致比较了英国典型的传统主流零售商以及硬折扣店。

2014 年初，一项调查揭示了欧洲的主流零售商如何回应英国折扣店的快速发展。调查对比了主流零售商国家品牌与自有品牌替代物、廉价自有品牌的篮子价值指数（Basket Value-indexes）。由此，在各个国家也计算了 Lidl 的篮子价值指数，下面的图表为分析结果。

调查显示，国家品牌的自有品牌等价物的平均价格比国家品牌要低 24%（艾德卡）到 43%（乐购），廉价自有品牌的平均价格比国家品牌低 55%（Albert Heijn）到 75%（乐购）。取决

Lidl和主流零售商的自有品牌和国家品牌的价值指数

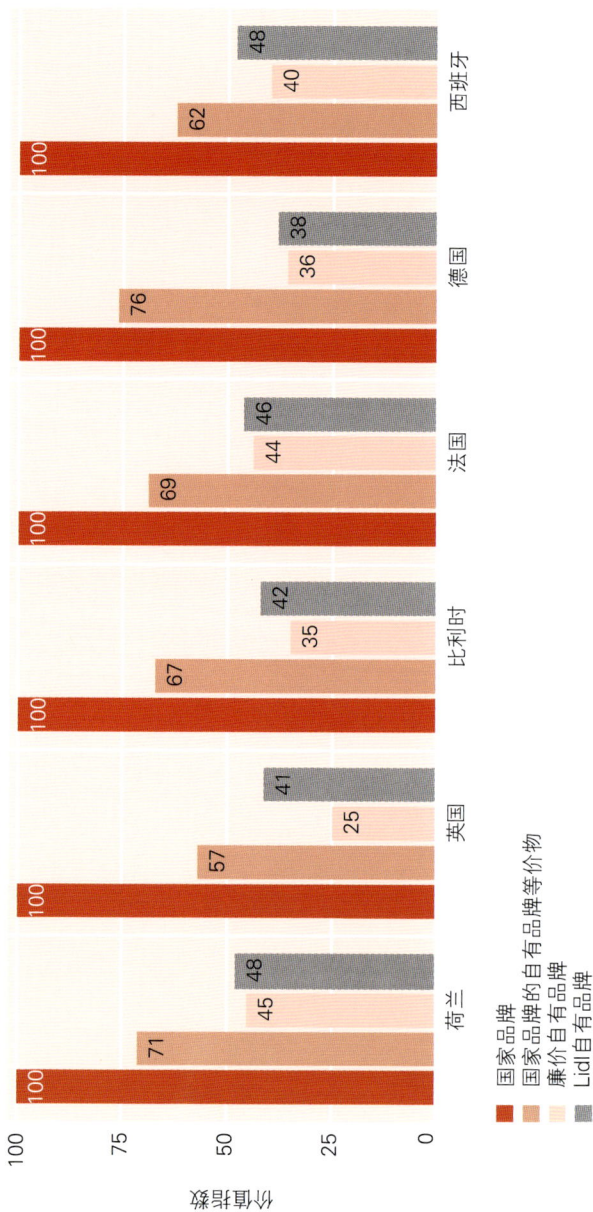

图例:
- 国家品牌
- 国家品牌的自有品牌
- 廉价自有品牌
- Lidl自有品牌

来源: IPLC调查

	荷兰	英国	比利时	法国	德国	西班牙
国家品牌	100	100	100	100	100	100
国家品牌的自有品牌	71	57	67	69	76	62
廉价自有品牌	45	25	35	44	36	40
Lidl自有品牌	48	41	42	46	38	48

价值指数

于所在国家的不同，国家品牌自有品牌同等物的平均价格比各自的主流零售商和国家品牌价格要低 52%（荷兰）到 62%（德国）。

调查者除了对比价格，还对一系列廉价自有品牌产品的质量进行了对比，但这种对比仅基于视觉观察，例如材料清单以及包装质量，而并非感官评价。在多数情况下主流零售商的廉价自有品牌产品质量，低于 Lidl 的产品。基于这些结果，调查者也得出了一些结论。

价格

在调查中，所有的主流零售商使他们的廉价自有品牌的平均定价低于 Lidl 公司的价格，这种价格差异从 2%（家乐福法国与爱德克）到 16%（乐购）不等。似乎对于主流零售商来说，在价格上同硬折扣店竞争十分重要。

产品质量

实体产品的质量却十分不同。对于调查中涉及的所有产品来说，Lidl 公司产品的质量似乎和国家品牌的质量处在同一水平，甚至要超过国家品牌的产品质量，而对于各个主流零售商提供的廉价自有品牌质量来说，情况并非如此。比利时德尔海兹（365）和爱德卡（Gut & Günstig）的廉价自有品牌的质量，在多数情况下，同国家品牌或者 Lidl 公司的产品质量相当。而在 Albert Heijn（AH 基本架构）、乐购（每天价值）和家乐福（家乐福折扣），多数廉价自有品牌的质量，与国家品牌或者 Lidl 零售店不同。例如，蓝莓果酱中的蓝莓肉含量更少，巧克力涂层中的榛果比例较小，花生酱中花生的含量少，巧克力条中榛果的数量较少，天然穆兹利中水果的含量较少，以及三文鱼沙拉中三文鱼的含量少。

包装质量

主流零售商的廉价自有品牌以及 Lidl 提供的产品包装质量对比，表明主流零售商的多数廉价自有品牌采用一种基本的包装或者设计。一些罐装蔬菜包装上只有简单的照片或者图画，罐上也没有拉环。天然穆兹利的盒子颜色单一，番茄酱没有密封瓶（no-drip bottle）。主流零售商似乎在产品包装上十分积极，廉价自有品牌传达价值，并且通过使用非常简单的图片或者不使用任何图片、包装来降低成本。

包装大小

与国家品牌同等的自有品牌中，只有29%（乐购）到63%（家乐福法国）的自有品牌产品包装大小与国家品牌一致。与国家品牌大小一样的廉价自有品牌的比例甚至更低。产品的包装不同，使得购物者很难在店内进行价格上的比较，但一些商店确实也在货架上标明每千克或者每升产品的价格。

Lidl 公司内与国家品牌大小一致的产品数量更少，但这无关紧要，因为在多数情况下，Lidl 公司不提供国家品牌产品，所以消费者也不能在店内进行价格上的比较。

·同折扣店进行竞争的消极策略

尽管主流零售商加大努力，通过提供一系列廉价自有品牌产品，降低将购物者输给硬折扣店的风险，但是这种策略也确实有消极影响。第一，廉价自有品牌比与国家品牌同等的自有品牌利润少。通过提供廉价自有品牌，购物者会选择价格更低的产品，品类获益率因此会降低。第二，主流零售商利用他们的商店旗帜品牌为廉价自有品牌代言，一旦购物者认为产品质量不高，购物者就很有可能降低对整个零售商品牌的信任度，给零售商品牌带来负面影响。

尽管如此，廉价自有品牌也可以降低输给折扣商的风险、留住老顾客。吸引新顾客比每个库存量单位获益更为重要。对商店忠实的零售商也会购买其他产品，零售商还会保持总营业额和市场份额。只要这种策略在整个产品中可以带来最低收益，就是一个明智的策略。

爱德卡

2009 年，德国零售商爱德卡采取了与欧洲其他多数主流零售商不同的策略来对抗折扣店。爱德卡宣布，要将其 Gut & Günstig 廉价品牌重新定位为，以折扣价出售的国家品牌质量产品。就如同奥乐齐和 Lidl 一样，爱德卡将领先的国家品牌质量作为基准。奥乐齐的价格水平被视作一个参考，因为奥乐齐是德国食品零售业无可置疑的价格领先者。除此之外，爱德卡还对 Gut & Günstig 产品系列的外包装设计进行升级，使其更具吸引力，以向消费者传达产品的质量信息。如今，这种产品的外包装不再是基本包装，看起来比欧洲其他主流零售商提供的廉价品牌产品高端。最后，这种产品系列的库存量，即使在奥乐齐产品组合库存量过多的情况下，也有所增加。

爱德卡升级了 Gut & Günstig 产品系列的外包装设计，使其更具吸引力，以向消费者传达产品的质量信息

　　另外，这种产品取代了爱德卡产品组合中国家品牌同等物的自有品牌。在爱德卡标准自有品牌下营销的产品，通过独特的市场营销策略同国家品牌区分开来，也因此在产品质量和包装方面增加了价值。

　　这就意味着，尽管爱德卡采用的是三级阶梯自有品牌策略（"爱德卡精选"系列的产品很少），但其廉价品牌的质量与国家品牌不相上下。爱德卡产品也宣称了与国家品牌间的价格差距。爱德卡的新策略，促进了公司营业额的增长，其自有品牌的营业总额在 2009—2013 年增长了 33%，几乎是爱德卡公司营业额总增长量的两倍。

和 Lidl 的 Lentil 炖菜（800g）一样，爱德卡 Gut & Günstig 包含了 6% 的猪肉（0.85 欧元，同 Lidl 一致）
爱德卡包含了 8% 火腿，有拉环的盖子（1.49 欧元）
国家品牌 Sonnean Bassermann 包含 6% 的猪肉（1.99 欧元）

荷兰连锁超市 Jumbo

在过去七年，Jumbo 在德国市场一直比较成功。其中一个原因是荷兰的经济下滑，这家折扣店的市场份额从 2007 年的 4% 上升到 2015 年的 9%。为了防止消费者在 Lidl 购物，Jumbo 采用了同爱德卡相似却又有所不同的策略。相对于欧洲多数的主流零售商，Jumbo 并没有廉价的自有品牌与硬折扣店进行竞争。作为在一个相对小型市场（人口 1700 万）中拥有 20% 市场份额的零售商，Jumbo 认为自己拥有足够的规模采取阶梯策略，因此，在 2014 年推出了 Allerslimste Koop（最明智的购买）概念。

荷兰零售商 Jumbo 通过 Allerslimste Koop 系列提供价格、质量与 Lidl 相同的产品

在 Allerslimste Koop 品牌下，Jumbo 提供了一系列质量与领先的国家品牌相当，但是价格水平和 Lidl 相同的 Jumbo 自有品牌产品。Jumbo 的这个策略十分新颖，其提供的产品为 Lidl 零售商很少提供的产品，例如冷冻三文鱼、扒鲨鱼、鳕鱼、炸鱼块、厕纸、厨房用纸和冷冻薯条。一年之后，Allerslimste Koop 系列产品扩展到了酸黄瓜和荷兰松饼等产品。通过使用清晰的店内沟通，Jumbo 使得购物者注意到这款产品。

主流零售商能够采取一些行动，在对抗折扣商方面取得成功，这一点会变得愈加重要。与此同时，Lidl 公司已经发展成为几乎提供所有产品的零售商，其主要关注点在于新鲜食材。这两种零售样式之间的界限估计还会变得愈加模糊。

第十一章
新兴市场

总结

    在新兴市场中的食品分销，通常是通过露天市场、售货亭以及夫妻店进行的。尽管来自发达国家的主要零售商通过进入新兴市场，引进了自有品牌的概念，但是自有品牌的市场份额仍较低。消费者对于新兴市场中自有品牌产品的接受度不高。

    自有品牌营销策略应该主要放在提高消费者购买兴趣以及制造商生产自有品牌的兴趣方面。通过店内展示、样品以及现金返还，零售商可以积极地影响消费者的购买行为。

    另外，自有品牌定价也应该保持一致，定价策略也应该强调零售商品牌之所以价格低，是由于高效管理供应链所做出的降低成本方面的努力。

· 不同的零售结构

在世界上许多区域，现代零售超市和市郊超大型市场十分碎片化，或者几乎不存在。作为食品分销中的一部分，现代贸易仅占其中的很小一部分。在新兴市场，传统贸易仍然是提供给消费者食物和杂货的方式。食品主要通过露天市场、湿货市场 ①、售货亭和夫妻店进行分销。

本章将讨论发展中地区的市场，例如印度、俄罗斯、中国和南非等，这些地方自有品牌的概念刚刚兴起，所以这些国家的消费者对于自有品牌现象并不熟悉，几乎不了解这些品牌，因此也根本没有对这些品牌的喜好。

对制造商来说也同样如此，他们缺少对生产自有品牌机会的意识，而且能够供应高质量产品的生产商数量也不够。因此，在这些新兴市场，要发展自有品牌还需要花费数年的时间，这也主要决定于零售业中的变化。现代零售是这些地区自有品牌发展的一个条件，也是那些接受这一挑战的制造商的一个前提。

尽管来自发达国家的主要零售商进入新兴市场，会加速自有品牌的增长，但是这些零售商也发现，要引进推行概念

---

① 湿货市场是摆放有蔬菜和其他食品摊子的露天市场。湿货市场多出现在亚洲。名字来源是这些市场里的地板通常很湿。由于食品新鲜、价格低，购物者能够容忍湿滑的地板，堆放在毯子上、地板上的产品。湿货市场的水分主要是市场工作人员定期往食品和地板上喷水造成的。

是一个挑战。发达国家和新兴国家商店品牌的市场份额，以及品牌增长之间的差距仍十分大，他们的自有品牌营销策略也应该考虑消费者购买的兴趣以及制造商生产自有品牌的兴趣。

现代零售的自有品牌市场份额

		一些市场特征
中国	5%	现代贸易集中于北京、上海等大城市。传统贸易：湿货市场、夫妻店、售货亭和小型超市
南非	8%	传统贸易：50%，由于巴基斯坦、索马里、厄立特里亚和刚果等国的人的进入而不断发展
印度尼西亚	8%	传统贸易为市场的60%：湿货市场、政府控制的封闭市场、夫妻店、售货亭和街店
印度	10%	许多家庭式店铺、售货亭和露天市场。当代贸易：8%
俄罗斯	11%	现代零售十分碎片化：<15%。传统贸易的68%为露天市场、夫妻店和小售货亭

为了打造购物者忠诚度，提高产品利润，在欧洲、澳大利亚和南美洲的零售商已经把自有品牌放在公司策略的中心，因此，这些地区的自有品牌市场份额在过去的几年中都有所增长。预计这种趋势也会启发在这些地区的零售商和制造商。

· 城镇化

在过去的五十年中，许多发展中国家城镇化速度加快，导致大型城市人口高度集中，这使得食品分销更加有效，并加速了这些地区现代零售业的发展和增长。除了现有的当地零售商，来自欧洲、美国和亚洲的大型零售商也已经发展到了这些地区。最初，他们的战略只关注扩展在这些地区的业务和市场份额，而非获益率。随着产品的利润可以通过品牌供应商之间的竞争而最大化，食品零售商几乎没有兴趣投资于自有品牌。例如，在俄罗斯，全球品牌制造商在市场上大力投资，以打造品牌资产。

和新兴市场的多数零售商一样，印度的 D-Mart 提供主食品类中的自有品牌产品，如糖、豆类、油、米、干果和罐装鱼肉等

从零售商的角度来看，新兴经济体十分活跃，并且在快速扩展市场。在这些区域，随着像沃尔玛、乐购、家乐福和乐天等大型零售商的发展，当代贸易也愈加重要。这些大型零售商使用在自己国家的市场中积累的经验，在这些地区实施自有品牌策略。虽然自有品牌的市场份额仍比较小，但零售商间的竞争十分激烈。自有品牌在零售商分化和打造购物者忠诚度方面

愈加重要。新兴市场自有品牌下提供的许多产品仍然是食品，例如糖、豆类、油、米、干果和罐装鱼肉等。在这些低涉入品类中，品牌之间很难被区分，但消费者对这些产品的价格十分敏感。自有品牌增长可以巩固当地零售商的地位，同时可以扩大全球零售商的规模。

· 现代零售的挑战

由于各种各样的原因，零售商很难在新兴市场扩展规模，也许是法律限制外国零售商投资当地的零售商，或者当地对于从国外进口的食品产品课税过高，这些都使得实施自有品牌策略更加困难。

另外，零售商通常很难找到愿意，或者能够提供一致、高质量的自有品牌制造商。这些生产商也许是当地小型的国家品牌制造商，不愿意供应自有品牌，唯恐这些自有品牌侵占自己品牌的市场份额。而质量管控体系通常也起不了作用，使得生产的产品质量一般或者质量不一致。另外，制造商不能按时生产自有品牌的产品，导致产品的送货率低下，货架空旷。发达国家的零售商能够提供上千种自有品牌产品，这使得这些自有品牌在店内的可视度（visibility）很高。然而，在新兴市场，提供的零售商自有品牌的种类只有数百个，因为当地零售商担心不熟悉这些品牌的顾客不会购买这些品牌。由于可视度有限，在商店内的产品识别度也受到了影响。

发达国家的零售商几乎无一例外，都采用阶梯式自有品牌策略，零售商提供各个质量水平的产品，直接同国家品牌竞争或者同较弱的品牌、折扣店竞争。然而在新兴市场，多阶梯的自有品牌架构通常不存在。在这些地方，自有品牌仅同较弱的国家品牌进行竞争，因为购物者认为，自有品牌的质量无法同领先品牌的质量相比。在新兴市场中的商店品牌有 75% 到 80% 由当地工厂生产，而工厂并不都能够生产质量同领先品牌相当的产品。尽管一些工厂遵守了国家法律，但是并不能生产同国家品牌质量相当的产品。

以前，进入新兴市场的西欧零售商营销经理在他们的策略上犯下了基本的错误。他们在一些品类中引进商店品牌时，并没有对这些品类进行仔细的分析。他们引进的自有品牌产品品类，一般都是在货架上经常摆放的食品和清洁类产品，因为在这些品类引进自有品牌风险最低。功能少的廉价自有品牌产品组合，如果产品包装不佳、没有吸引力，无疑会使消费者接受度较低。与此同时，表现最佳的新兴市场的管理者已经意识到，自有品牌对于消费者来说要有用、质量要高。他们意识到，需要用战略思维以及必要的经营能力，来用自有品牌替代大多数情况下较弱的国家品牌。

· 自有品牌商标

　　最初，自有品牌外包装设计很丑，无法向消费者传达一些有关产品图案的信息和生活方式。如今的趋势是，这些商店品牌的外包装模仿领先国家品牌的外包装，以缩小消费者心中的感知差距。他们仔细地模仿国家品牌的标志、颜色、包装样式和材料，试图不侵犯国家品牌制造商的合法权益。通过这种方式，零售商旨在向消费者传达自己的产品同领先的国家品牌类似的价值。有时候商店品牌的营销人员会强调在自有品牌包装上的制造商名称，来提高消费者的信任度。

商店品牌的外包装模仿领先国家品牌的外包装，来缩小消费者心中的感知差距（例如，D-Mart 在印度推出的产品）

　　由于在新兴市场的购物者，对商店品牌并不熟悉，因此零售商会采用多个品牌名称。然而，这也无法提高自有品牌的可视度，或者打造消费者的偏好。因此，为自有品牌一致的包装设计选择一个名称，会极大地提高产品在商店内的可视度。在发达市场，商店旗帜品牌通常被用来为自有品牌架构代言，而在新兴市场用一个或者多个高档品牌更好。

· 消费者行为

在成熟市场的国家以及自有品牌正在发展中的国家，消费者购买零售商品牌的行为有所不同。例如，法国和德国的消费者，拒绝零售商品牌的可能性要低于俄罗斯和中国的消费者，因为在俄罗斯和中国，自有品牌正在发展过程中。在成熟市场，商店品牌的质量很高，消费者的质量认知也很高，使得自有品牌成为领先国家品牌的强大对手。与此相反的是，在新兴市场，商店品牌质量平平，也降低了自有品牌对于价格不敏感型顾客的吸引力。这些国家的购物者更喜欢购买国家品牌产品，因为这些产品有质量保障，他们可以信任这些产品。

因此，南非、印度和中国等新兴市场的消费者，对于自有品牌产品的接受度仍然很低。大多数情况下，消费者在购买之前就会拒绝自有品牌，因为购物者购买自有品牌产品的意愿取决于认知价值、认知风险和质量认知。认识到这一点，对零售商来说至关重要，因为这影响到他们在自有品牌产品上的营销策略。

南非的自有品牌产品相对于国家品牌产品的价格

29%
14%
29%
11%
17%
>20% 便宜
10%–20% 便宜
<10% 便宜
相同价格
贵

来源：2013年IPLC零售商基准工程的数据

· 新兴市场的自有品牌定价

新兴市场的许多零售商似乎在自有品牌定价策略上，都有许多困难。国家品牌与自有品牌替代物的价格差距十分不一致，但总体来说相对较小。例如，在南非的一家主要零售商那里，我们发现三十五种产品中仅有十种产品的价格低于标准品牌，而更令人惊讶的是，一些品牌产品的价格同国家品牌的价格一致，甚至更贵。与此形成对比的是，在欧洲市场，自有品牌和国家品牌的平均价格差约为30%。

新兴市场中的购物者认为，商店品牌的质量与领先国家品牌质量并不相当。多数购物者甚至更倾向于购买国家品牌，因为国家品牌与自有品牌之间价格差较小，不足以吸引他们去购买自有品牌。

零售商在对自有品牌产品定价时要极其小心，尽管定价较低的自有品牌被认为比市场上的国家品牌质量更差，或者平庸，但是这种定价，确实让消费者感到性价比高。自有品牌与国家品牌产品之间价格差距过大，可以吸引消费者购买自有品牌产品，但是营销人员也应该时刻注意，不要采取中间定价策略，因为这种中间价格不够低，产品销售不出去，同时也向消费者表明了产品质量比品类内领先品牌质量更低。

零售商应该意识到，消费者的质量认知在影响消费者购买商店品牌的可能性方面，起着重要的作用。一方面，商店品牌更为低廉的价格使得自有品牌产品走向价格敏感型的领域，另一方面，低价使得消费者认为产品质量较低。因此零售商应该努力营销、传达信息，以让消费者克服自有品牌价格比国家品牌价格低，因此质量也更差的刻板印象。他们应该强调，零售商的价格比较低，是由于高效管理供应链降低了成本。零售商也可以通过店内的样品、吸引人的外包装设计、高效的货架管理和吸引人的商标，提高消费者对于自有品牌产品质量的主观认知。尽管这些营销手段会提高成本、降低利润，但是保持消费者的质量认知，对于零售商成功引进自有品牌来说至关重要。

·降低消费者购买自有品牌的认知风险

收入更低的群体似乎十分关注认知风险。例如在南非，我们发现收入更低的消费者，尤其是那些住在乡镇的消费者，通常负担不起买错品牌，所以他们无一例外地会选择那些较为安全、已经用过且十分信赖的国家品牌，尽管这些国家品牌比自有品牌替代物价格更高。为了减少对消费者的负面影响，零售商应该强调自有品牌与国家品牌在价格上的巨大差距，从而让消费者意识到产品的低价，与此同时，也应该通过店内展示、产品样品来降低消费者的认知风险。同时零售商还应该加大努力，在不提升成本的情况下提高产品质量。

如果消费者对产品不满意，零售商也可以考虑采取快捷退款或者退款保证方式，以打造消费者对商家承诺的信赖度，并克服消费者有关购买风险的担忧。另外，由外部机构保证的产品，例如，认证质量、商店形象以及消费者对于零售商的信任度，在降低消费者的认知风险并打造自有品牌信任度方面，扮演着十分重要的角色。这些做法很可能使消费者信任并接受店内提供的自有品牌产品。在这种情况下，零售商的公司品牌活动，会帮助劝说那些规避风险的消费者购买零售商品牌产品。

在中国经营的全球零售商，例如家乐福和沃尔玛，已经推出了自有品牌，但却遭遇了许多困难。在多数品类中，中国缺少高质量、值得信赖的供应商，这造成许多产品被召回以及质量问题的出现。家乐福在 2005 年终断了公司的一些项目，因为家乐福认为其中涉及的责任过大，无法进行。另外，很多消费者也不信赖任何由中国制造的非国家品牌产品。除此之外，如同在印度尼西亚一样，中国政府也在不断地改变有关产品标签的立法，使得零售商很难不断适应地区和国家针对进口产品的法律方面的调整。

中国零售商更喜欢推出那些专属于某个产品品类品牌名称的自有品牌，通过这种方式，他们帮助消费者克服了不愿意购买自有品牌产品的心理。并且由于他们没有使用商店旗帜品牌，发生质量问题时，他们也不会影响到商店的声誉。比如中国的一个零售商对于自有品牌项目，要求大量的店内工作，以解决消费者对于自有品牌产品的不信任问题。店内教育、店内展示以及员工培训应该是为了让消费者开始购买他们的产品。这些活动应该关注消费者可以信任的食品安全和质量。

新兴市场的零售经理必须意识到，提升商店形象并不会直接增加消费者的购买意图。影响消费者购买行为的是消费者从自有品牌联想到的认知风险。因此，零售商在提升商店形象时，必须采取其他策略降低消费者对于自有品牌的认知风险。巴西市场的调查显示，消费者对自有品牌的价值形象认知以及他们对商店的形象认知，在影响其购买意图方面扮演着重要的角色。所以新兴市场的管理者应该提升自有品牌的价格形象以及商店形象。

·提升消费者质量认知

在新兴市场，消费者通常认为商店品牌质量比国家品牌低，因此，若没有广告营销，商店品牌几乎无法取得成功。这就意味着，要在推销自有品牌方面花费巨大的努力。广告营销的目标应该是向潜在消费者传达一个信息，自有品牌选择广泛，质量良好，而且价格比消费者较为熟悉的国家品牌低。上述做法的前提是自有品牌的产品质量确实能与国家品牌产品质量相媲美。对消费者进行教育也会提高消费者的质量认知。对消费者的一些教育能够传达给他们信息，即自有品牌产品与国家品牌不相上下，这种活动会增加自有品牌的可信度，并且强调购买这些品牌的好处。社交媒体渠道，尤其是口口相传、朋友之间相互推荐的促销方式，十分见效，因为这种平台成本低、影响巨大、能够广泛散播信息，并且能提高品牌亲和力。最后也是最重要的一点是，零售服务质量，例如脱销品最少、员工态度十分友好、购物环境吸引人以及有效的顾客投诉处理体系、店内布局和整洁度，都有可能为自有品牌创造一个积极的光圈效应。

在采访南非、俄罗斯、印度和越南等发展中国家的一些实体零售商店时，我们发现，上述问题通常都是会被忽视的问题。

店内陈设也可以提高购物者的质量认知。这就要求零售商要注意零售货架空间的分配，以提高自有品牌的可视度。降低分给制造商品牌的空间，一个有利于自有品牌的店内布局摆设，也会增加自有品牌的销量，从而提高品类获益率。另外，销售点应该使用一些标识，比如货架卡以及货架衬垫，以清晰地指出自有品牌产品在店中的哪个位置。

购物者首次接触自有品牌，多数是在店内。因此一致的外包装、吸引人的包装设计以及有力的店内布局，会使产品的可见度高，而且能够帮助购物者选择自有品牌产品。另外，不应该忽视店内工作人员的角色。在同新兴国家的零售商合作的过程中，我们发现许多工作人员并不理解自有品牌的概念，也不知道自有品牌销量对自己商店的价值。管理层应该训练店内的员工，将他们变成自有品牌的推广者。

要让新兴市场中的自有品牌市场份额上升到如今西方市场的水平，还需要花费很长一段时间。随着零售的进一步发展、提供质量与国家品牌相当的自有品牌产品，愿意并能够生产这些产品的制造商以及最终消费者的接受度，都是实现这一目标的重要元素。显而易见，各个新兴市场中的市场情况各有不同，所以零售商应该意识到各个市场的特色，不应该把西方国家中有用的、经过试验的策略原封不动地照搬到新兴市场。

商店形象认知

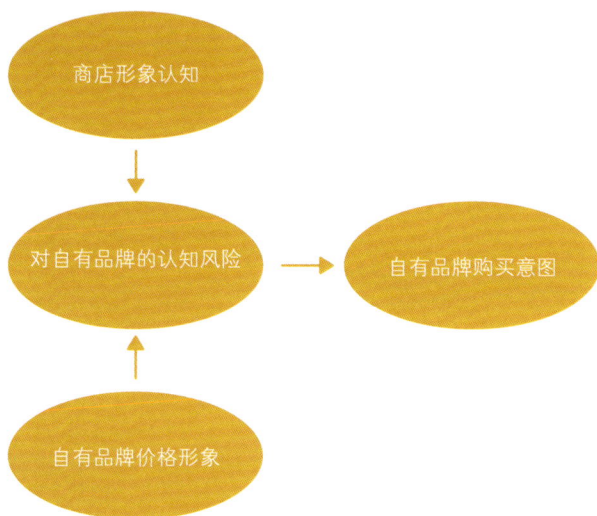

```
┌─────────────────┐
│   商店形象认知    │
└─────────────────┘
         │
         ▼
┌─────────────────┐        ┌─────────────────┐
│  对自有品牌的认知风险 │ ──→  │  自有品牌购买意图   │
└─────────────────┘        └─────────────────┘
         ▲
         │
┌─────────────────┐
│  自有品牌价格形象   │
└─────────────────┘
```

来源：商店形象以及商店品牌价格形象对商店品牌购买意图的影响

第十二章
新科技

总结

　　智能手机和社交媒体的使用，使得零售商可以以一种独特又比较私人的方式，与消费者进行互动。购物者对新产品的参与和对现有产品线的评价，会提高消费者对商店的忠诚度。在网上进行营销的自有品牌产品市场份额的增长以及吸引新购物者的能力，超过了线下销售。然而，在食品零售业，网上销售量仍然较小，多数情况下，网络订单对零售商来说利润不大。

· 同消费者对话

最近几年，由于科技的发展，零售行业有了巨大的变化。社交媒体、手机和电脑更加受人们欢迎，这使得消费者更加挑剔，因为网络提供了大量的机会，让他们也更加能够掌控自己的购物体验。

对零售商来说，新科技提供了丰富的数据，使他们能够更加理解购物者的行为，也能够仔细分析和处理这些数据。在可能的情况下，零售商还能实时分析数据。

随着私人科技继续成为每天生活中的一部分，零售商可以通过投资这些手机应用来获益。使用社交媒体时，零售商可以与购物者直接对话，并以一种更加私人化的方式，将消费者在网上和实体店中的体验连接在一起，这使得他们能够在竞争中脱颖而出。

互动和购物者涉入

零售商可以在店内使用新科技，将社交媒体数据与消费者购买历史数据结合在一起，全方位地观察他们社交网络中消费的信息。通过关注他们的喜好和分析的结果，零售商可以为单个购物者提供独家定制的产品。英国的 Lidl 零售商就是这么做的。Lidl 在网上寻找消费者对 Lidl 产品的积极评论，例如"哇，Lidl 的自有品牌 Simply Sumptuous 特别穆兹利奢侈水果和坚果真的好棒！"，或者"从 Lidl 购买的多汁芒果真好吃！"等，并将这些用作店内的促销材料。而监控这一切的专家也可以分享评论，通过把社交和实体店联系在一起，利用其客户来创造极其有利的内容。

英国的 The Co-operative 零售商则推出了一个创新的"为美食转发"的活动来吸引年轻的购物者，旨在早期就与他们建立一种关系。这些年轻人只需转发一则评论，就可以在一个快闪店内就餐。就餐的食品为一系列 The Co-operative 自有品牌产品，这使零售商能够展现其能力。

德国的药店 dm 则采取了不同的方式。公司推出了一个允许消费者自己设计一些自有品牌产品包装的网站。消费者可以改变瓶子上面的文字，甚至再加上图片，为这一品类带来更多乐趣。这种方式把私人化提高到一个新的水平，使得零售商能够创造完全属于自己的产品。

瑞士的零售商米偌丝（Migros）推出了一个名为 Migipedia 的网站，使购物者能够参与产品的评价、选择和测试。一万三千多种自有品牌产品被放在网站上，等待消费者进行评价。消费者的反馈，被用于提升现有产品或者开发新产品。消费者也会被询问一些问题，以用于新产品开发或者新产品命名，例如"我们怎么命名我们的新冰激凌？""我们应该在一次用量包装内提供哪种蔬菜？""你更喜欢哪种穆兹利？"等。由于网站上有许多购物者的回答，这家公司也研发出五十五种新产品，其中包括莫吉托味道的牙膏，Dirty Harry 洗浴啫喱和用番茄、罗勒香料制成的 reclette 芝士。基于消费者的反馈以及消费者可以评价米偌丝自有品牌产品，米偌丝将最受欢迎的 100 个自有品牌产品组合到了一起。

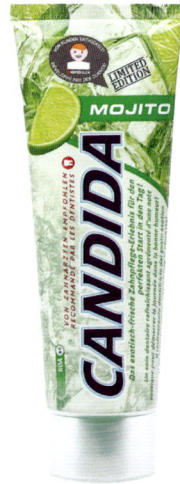

根据网站上购物者的输入，研发出的莫吉托味道的牙膏

　　美国的奥乐齐公司在脸书网页上公布举办"换即省"大赛。顾客只要分享他们因购买奥乐齐品牌产品而省钱的故事，就有机会获得公司的礼品卡。在脸书上的关注者，必须在奥乐齐脸书网页上点击竞赛按钮，并分享一个一千字以内的小故事，描述自己购买奥乐齐品牌并省钱的过程。一组专家将会选出最终的赢家，并送给他们价值 250 美元的奥乐齐礼品卡。

　　法国的不二价（Monoprix）超市在脸书上也推出了一个应

用，允许消费者在网上修改不二价品牌产品的外包装，并把修改过的、拥有个人信息的外包装设计图片，发送给朋友或者家人。基于脸书上的点赞数和点击率，不二价超市选出最佳创意和效果最佳创意作品。然而一段时间之后，不二价超市不得不限制了修改范围，只允许消费者输入自己的名称，因为有些人在外包装上写了一些歧视性别和侮辱人的字样。

· 在线零售

在线零售是欧洲增长最快的零售市场，英国、德国、法国、瑞典、荷兰、意大利、波兰和西班牙的销售量，预计在 2014 年总共达到 1550 亿欧元（增长 21%），而在 2014 年美国的销售量为 2240 亿欧元（增长 15%）。欧洲的在线市场主要由英国、德国、法国主导，这三个国家共占据上述八个欧洲国家销售量的 81.3%。然而比起欧洲，美国仍然是在线零售的领先者。在八个国家对相同的人数进行的调查结果显示，54.5% 的美国公民在网上购物，而欧洲人网上购物比例为 45.6%。

在欧洲多数国家，食品零售业的网上销量很小，2013 年小于总量的 1%。即使是在网上购物最受欢迎的英国，零售商的网上销量也仅占总销量的 5%。在多数情况下，网络购物对零售商来说，无法赢利。根据一项分析，让消费者在网上挑选物品，并分别运送各个产品，这种网购体系产生了各种各样的成本。

对于价值为 100 欧元的订单量，网上订单价格成本比线下订单高 13 欧元，这意味着订单量的增加，并不一定会带来更多利润。因此，通常只有购物者愿意为此支付运费，零售商才会提供线上杂货。美国的生鲜食材递送公司 Amazon Fresh，对每个订单收 10—15 美元的运费，乐购对价值低于 25 英镑的订单收取 4 英镑运费。

更重要的是，零售商要意识到产品组合要健康，而且要有良好的净利润，而不仅仅关注增加销量。利润相对较低，且占用大量货架空间的产品，例如厕纸、尿布和啤酒，无法带来网上利润。这项研究调查，也指出了几种方式来增加网络销售的利润。第一，零售商应该关注那些家庭中的夫妻双方都有收入的购物者，他们愿意为一种服务付钱，以节省时间。在这种情况下，尽管产品复杂，但是平均净利润更高，零售商在实际运送过程中还可以加价。第二，订购有限数量的、家庭消费模式固定的货架稳定产品，例如，麦片、特制意大利面、软饮料、清洁剂和尿布，会降低产品组合和拣货作业的复杂度，运送也会更加有效。因为产品运送时间不是问题，这些产品的价格也应该与店内的价格相似。第三，零售商提前选好购买组合，并根据购物者的预算、食谱或者家中人数的多少向消费者推荐一些简单易行的晚餐食材。这使得零售商能够确定产品的利润组合，购物者也会为产品的运送付钱。这会使得购物者对于价格的比较更为复杂，但确实能够让零售商与其供应者协商具体的折扣。另外，由于订单分拣只包括少数的大包裹，所以也更加简单。

不二价推出了脸书应用，允许消费者在线修改不二价的产品包装

· 自有品牌的网上销量

有关自有品牌和国家品牌在网上零售市场中的竞争方面的调查很少，市场营销分析传统上也都基于自有品牌和国家品牌在线下的竞争。然而，随着网上购物愈加受欢迎，网络市场的竞争也会加强。

在一项调查中，对于自有品牌和国家品牌的线上、线下竞争地位，用三种不同的标准进行衡量：市场份额、购物者的忠诚度和吸引新顾客的能力。

调查结果表明，在网上进行营销时，自有品牌产品和国家品牌都会增加消费者的忠诚度，然而在市场份额和吸引新顾客能力方面，自有品牌的线上营销显然比线下营销更具优势。这意味着网上市场使得零售商能够通过这种渠道，增加他们的市场份额，吸引新的购物者。尤其是自有品牌吸引新购物者的能力，对零售商和制造商来说是一个机会，能够通过网上渠道，进一步实现增长。对零售商来说，关注自有品牌的网上策略，可以使得消费者避免转向其他市场品牌。考虑到网上零售渠道给予自有品牌的机会，以及网上零售重要性的增加，零售商与制造商的议价能力将会增长。

亚马逊 Amazon Elements

2014 年 12 月，网上零售商巨头亚马逊引进了在 Amazon Elements 品牌下的前两款产品。尽管亚马逊在自有品牌销售方面已经有超过 10 年的经验，但 2014 年亚马逊还未踏入畅销品行列。婴儿湿巾和尿布是在 Elements 品牌下首先推出的产品，只有"高级客户"才能购买。Elements 的产品包装使得消费者可以了解产品的具体信息。

·店内无线网连接购物者

2011 年以来，欧洲的超市不断在店内推出免费无线网，这种做法提升了消费者整体的购物体验并吸引了更多的消费者，从而获得了他们的忠诚度。在购物之前给购物者提供对他有用的信息，可以提升商店的形象。与 3G 不同，无线网要求消费者在一个页面上进行登录，消费者在进入商店时可以浏览一个网页，他们的手机会自动登录店内的无线网。这种做法会给零售商提供一个机会，在购物者行走在各个通道中时，零售商可以通过发送给他们私人化的产品推荐，来影响他们的购物体验。例如，零售商可以使用苹果公司开发的小型电子设备必肯（beacon）与购物者互动。零售商可以将必肯安装在店内产品旁边，当带有手机的购物者接近一个必肯设备时，此设备能感受到他们的存在，并开始运行，向手机发送电子购物券或者信息，促使消费者进行购买。这不仅适用于苹果手机，也适用于安卓手机。零售商还可以修改信息以了解消费者的位置和当天的时间。因此，零售商提供的并非基于电子数据的纸质优惠券，而是实时地向目标人群提供信息。这种做法避免了使用各种促销手段来轰炸购物者，而是负责任地在零售行业使用高科技，通过帮助客户来打造与顾客之间的关系。

无线网数据可以与会员卡数据结合在一起进行分析，这使得零售商能够向目标客户提供新产品信息或者推荐新的产品。销售点的这种做法如同一个实体店和网上虚拟店的结合，让消费者一窥多种渠道购买产品的世界。多年来，零售商一直在试图追踪购物者的购买习惯，如今的新科技使得他们能够从中获益。例如，他们可以开发一款手机应用，管理他们的购物清单，并引导顾客在店内最有效的路线进行购物。与此同时，零售商可以知道消费者的身份、购买历史和位置，为消费者提供独家定制的产品和内容，以及更好地管理库存和商店布局。

例如，一个经常购买冷冻快餐食品的老顾客进入了森斯伯瑞的商店，她每周都要购买三到四种不同种类的素食。通过顾客的智能手机知道顾客的到来，这时数据系统开始工作，并确定她的购买清单上有速食产品这一项。在此之后，系统查看店内库存，若库存显示自有品牌素食库存过剩，而这位顾客的购买模式并没有显示对某一种素食的偏好，商店就可以为顾客准备自有品牌产品折扣，如果她购买自有品牌产品，会享受 20% 的折扣。而且由于手机可以提示顾客在店中的精确位置，零售商可以等待时机，等消费者靠近速食时，向她发送这一信息。

乐购使用会员卡数据确定了一个顾客喜欢比萨，而且使用外部大数据分析、确定这位顾客每天大概下午 6 点钟开车驶过乐购商店，下班回家。经过对两种数据进行分析，乐购在下午 5：45 时向这位顾客发送有关比萨的信息。也许在这个时间，这位顾客感到饥饿并开始考虑吃晚餐。零售商也会知道购物者是否回应了这条消息，因为他的手机将会在他走进商店时，连接到店内的无线网。

超市通过顾客的会员卡收集信息，这是与顾客之间一对一的关系。也许有人会担心隐私权的问题，但是如果数据能被合理且仔细地使用，那么信息交换的相关好处，会鼓励购物者主动分享他们的个人信息。

新科技对于包装设计的影响

　　展望未来，我们思考一下将来的包装设计会如何发展。

　　专家们通常认为，网店零售销量的增长，会导致实体店销量下降，因此实体商店的数量如同我们现在看到的那样，将会减少。传统市场营销术语中的"一类接触行销时刻"（First moment of truth），指的是购物者在货架前决定购买哪种产品的时刻。在如今新的、没有实体店的情况下，这种货架就是一个数字显示屏，在这个数字显示屏上，争夺网上购物者的战斗也会打响，增加了一种"零类接触时刻"（Zero moment of truth）。

　　将来，商店会逐渐变成一个数字商店，这将极大地影响购物者的购买选择。新的科技可以提供给消费者所有需要的信息，不仅包括产品的名称、材料、营养价值、过敏原以及类似的信息，还包括消费者选择产品之后，不那么重要甚至过时的一些信息。这些信息包括商品的条形码、净重、认证、市场承诺以及类似的信息。这些信息通常是外包装法律要求的外包装上包含的一些典型元素，但也会使得设计十分复杂。同时，一旦购物者决定购买，之后他们就不需要再看到这些信息。

　　在去除这些信息后，零售商需要同消费者进行相应的简单互动，要向消费者的手机或者手表提供所有的信息。另外，通过这种方式，消费者也可以获得比较详细的相关信息。

在消费者购买时，他们通过移动光标，就可以看到在购买时所需要的信息，这些信息能够解决他们的疑问。运送实体产品后，实际的产品包装上就已经去除了所有这些元素。

如果消费者购买了一盒牛奶，那么手机科技可以提供一些信息，例如，哪种牛生产了这些牛奶，它吃的是什么饲料、什么时候挤的奶，挤奶的农民、农民住的地方以及类似的信息。

另外，网上也可以提供一系列制作过程、营养以及过敏原信息，而且这些信息是针对单个消费者或者其家人的需求，或者基于他们个人图像的一些信息。

这会支持消费者在零类接触时刻的决定，让消费者坐在家中的沙发上，或者在街上等公交车时选择某一产品。

·提高供应链管理

新的科技能够对货架上的产品进行电子定价，从而允许产品的动态定价。对超市来说，他们很渴望能够轻而易举地改变许多产品的价格，或者在单个商店内改变产品的价格，让新鲜的库存不断流动。与此同时，通过消费者家中一些与网络相连的设备，比如冰箱等，提高预测消费者需求的精确度，从而极大地提高未来库存预测的准确度。更加准确地控制存储和运输监管条件的科技，会减少供应链中的浪费，尤其是在生鲜食材方面。

·大数据

顾客的会员卡、销售点、谷歌，诸如脸书、推特等社交媒体的大数据，使得零售商能够创造出更加准确的消费者形象。通过提供更加相关、私人、恰逢其时，受人欢迎的推销活动，高效利用大数据，会大幅提高消费者忠诚度和增加零售收入。有句谚语是，"50% 的营销方面的努力都是无用功，问题在于你不知道哪个 50% 是无用功"，而有了大数据，我们就可以进行分析。

使用大数据的定向促销

由于生育记录通常对外公开，所以，一旦一对夫妇有了一个新生儿，他们几乎立即就会被来自各种各样公司的促销广告包围，这就意味着这一策略的关键，是要在其他零售商知道他们有孩子之前，就早一点向这对夫妇提供信息。因此，美国 Target 超市的营销人员希望在怀孕女性生产之前就接触她们，并在他们妊娠的第二个三月期，给他们提供专门设计的广告。

2002 年，在美国 Target 超市做统计员的安德鲁·波尔（Andrew Pole）分析了消费者数据，并找出了那些处在妊娠期早期阶段的女性。首先这家超市寻找到怀孕顾客的交易数据，并确定在每个妊娠阶段的女性的购买模式。结果显示，有很多怀孕女性在第二个三月期开始之时，会购买很多瓶无味身体乳。接着这家超市就把这种购买模式用到所有女性购物者身上。为那些表现出相似购买模式的人群提供婴儿产品的广告和优惠券。

然而一段时间之后，由于这项策略，一位父亲发现他的未成年女儿怀孕，从而引发了一场影响 Target 人事部的大灾难。这位愤怒的父亲冲进当地的一家 Target 超市，当面质问商店经理，并要求他们告诉他，为何赠送给他的未成年女儿婴儿产品优惠券。这位不幸的商店经理也十分迷惑，但是最终，那个沮丧的女孩儿承认她确实怀孕了。

超市继续辩护，声称他们通过使用研究手段来理解消费者购物潮流以及偏好，提供给购物者相关的产品促销活动。

自有品牌架构

2014 年 11 月到 2015 年 2 月，我们采访了许多零售商。我们的目的是做一次十分必要的实地调查，获得一些样品，收集照片加入到书中。知道这本书正处于撰写过程中的几家零售商，甚至送过来还没有推向市场的样品。

以下样品来自不同国家的十七个主要零售商的自有品牌项目。这也让我们对不同自有品牌的架构和品牌拥有者所选择的外包装设计，有了个大致的了解。

我们的目标是尽可能地做到准确和完整，我们也无法排除对这种架构进行修订和提升的可能性，但我们必须强调的是，自有品牌产品组合，尤其是产品的包装设计，也在不断地变化。

在多年的时间里，国际自有品牌公司（IPLC）一直在上述时段进行商店访问。长时间的调查证明，零售商一直十分热衷于改进产品的外包装，让其更具吸引力，以吸引消费者。大多数零售商也意识到了不断提高自有品牌外包装设计水平的价值。

英国

法国

德国

瑞士

比利时

卢森堡

荷兰

丹麦

奥地利

意大利

西班牙

葡萄牙

希腊

ICA

瑞典

挪威

波兰

俄罗斯

TESCO

Tesco Value（良好）

Tesco（更好）

Tesco Finest（最好）

有机

UK Provenance

Free From

健康

儿童

TESCO

婴儿

天然食品

环保

家庭烘焙

配料

Goodness Kids

圣诞

家乐福（良好）

家乐福（更好）

家乐福（最好）

有机个人护理

Free From

清真

健康

儿童

经营自有品牌

Regional Provenance

环保

有机

公平贸易

Edeka (良好)

Edeka (更好)

Edeka (最好)

有机

252

个人护理   Free From

原产国

Albert Heijn（良好）   Albert Heijn（更好）

Albert Heijn（最好）   Albert Heijn bio

经营自有品牌

Delhaize（良好）

Delhaize（更好）

Delhaize（最好）

个人护理

有机

Cactus（更好）

环保

Coop（良好）

Coop（更好）

Coop（最好）

环保

有机个人护理

有机

Free From

儿童

经营自有品牌

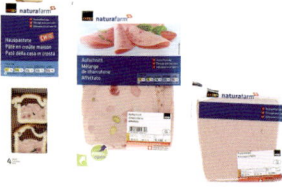

动物福利

Spar（良好）

Spar（更好）

Spar（最好）

健康

Free From

传统

256

素食

On-the-go

有机

Conad（良好）

有机

健康

经营自有品牌

Regional Provenance

儿童

Eroski（良好）

Eroski（更好）

Eroski（最好）

个人护理

健康

258

CONTINENTE

Continente（良好）

Continente（更好）

Continente（最好）

个人护理

Free From

AB Vassilopoulos（良好）

AB Vassilopoulos（更好）

AB Vassilopoulos   个人护理

有机   健康

环保   Irma（更好）

儿童   有机

Irma（最好）

ICA（良好）

家居清洁和个人护理

ICA（更好）

ICA（最好）

健康

有机

261

经营自有品牌

(UNIL)

Unil（良好）

Unil（更好）

Unil（最好）

有机

儿童

Biedronka（更好）

Biedronka（最好）

Lenta（良好）

Lenta（更好）

图字：01-2018-3455 号

图书在版编目（CIP）数据

经营自有品牌：来自欧美市场的实践与调查 /（荷）科恩·德·琼，（德）赫尔曼·席维斯，（荷）罗·林彭斯 著；金好来商学院 译. —北京：东方出版社，2018.10
（服务的细节；076）
书名原文：Managing Private Labels-Sharing knowledge from research and practice
ISBN 978-7-5207-0591-2

Ⅰ.①经… Ⅱ.①科… ②赫… ③罗… ④金… Ⅲ.①品牌—企业管理—研究—欧洲、美洲 Ⅳ.①F279.1

中国版本图书馆 CIP 数据核字（2018）第 218317 号

服务的细节 076：经营自有品牌：来自欧美市场的实践与调查
(FUWU DE XIJIE 076: JINGYING ZIYOU PINPAI: LAIZI OUMEI SHICHANG DE SHIJIAN YU DIAOCHA)

作　　者：[荷]科恩·德·琼　　[德]赫尔曼·席维斯　　[荷]罗·林彭斯
译　　者：金好来商学院
责任编辑：崔雁行　高琛倩
出　　版：东方出版社
发　　行：人民东方出版传媒有限公司
地　　址：北京市东城区东四十条 113 号
邮　　编：100007
印　　刷：北京联兴盛业印刷股份有限公司
版　　次：2018 年 10 月第 1 版
印　　次：2018 年 10 月第 1 次印刷
开　　本：880 毫米×1230 毫米　1/32
印　　张：9
字　　数：193 千字
书　　号：ISBN 978-7-5207-0591-2
定　　价：78.00 元
发行电话：(010) 85924663　85924644　85924641

版权所有，违者必究
如有印装质量问题，我社负责调换，请拨打电话：(010) 85924602　85924603